ユダヤ教と縄文の聖人　隠されてきたタブー史

水原紫織

Mizuhara Shiori

ヒカルランド

序　前二作で明らかになったこと

２０１１年に海外移住してからの私は、福島第一原発事故についての真実が知りたい一心で、匂いも空気感も伝わってこないラップトップ・コンピューターに毎日何時間もかじりついて過ごしました。そうして日本政府と米国原子力規制委員会の発表の違いに翻弄されながら、日本政府の発表には科学的に辻褄《つじつま》の合わない嘘が多数あることを知りました。

それが、既知の歴史を徹底的に検証し直すようになったきっかけでした。そうすることで、古《いにしえ》の日本人のきれいごとではない様々な感情が、私の心臓の少し上あたりで共鳴しているように感じられ、母国と時を超えてつながっている感覚がすることに安堵するのです。

まずは、そうして検証し直した、血の通った人間の歴史を、拙著から紹介しておきましょう。

2020年発行『もう一人の「明治天皇」箕作奎吾』から

慶応3年（1867）に践祚《せんそ》した天皇・睦仁《むつひと》は、「何卒是非帝位を他人に譲りたく決心候」と綴られた孝明天皇の宸翰《しんかん》の希望に沿う形で、慶応4年／明治元年（1868）、世襲ではない他人にすり替えられた可能性が非常に高いことがわかった。

そのすり替えられた人物が箕作奎吾《みつくりけいご》だと仮定すると、1972年3月8日付で昭和天皇のインタビューを掲載した『ニューヨークタイムズ』の記事の内容と辻褄が合う。その記事には、和訳すると「裕仁は、自身の人生と認知発達に最も影響した一個人は、箕作元八《げんぱち》である」（拙訳）というフレーズがある。

認知発達はスイスの心理学者ピアジェが提唱した心理学用語であるが、その用語に大きな秘密が隠されていた。認知発達は、遺伝と環境が相互に作用して発達するという理論であるが、昭和天皇の教育環境に箕作元八は関わっていなかったのだ。したがって、昭和天皇に最も遺伝的影響を与えた一個人は箕作元八だということになるのである。

箕作元八の祖父は、ペリーが携えてきた米国大統領の国書をはじめ、様々な条約を翻訳した、日本で最も外交事情に詳しい人物の一人であった箕作阮甫《げんぽ》である。また、箕作阮甫は日本初の地質学者・鉱物学者であり、近現代における日本最大の鉱業権所有者になるはずの人物だ。

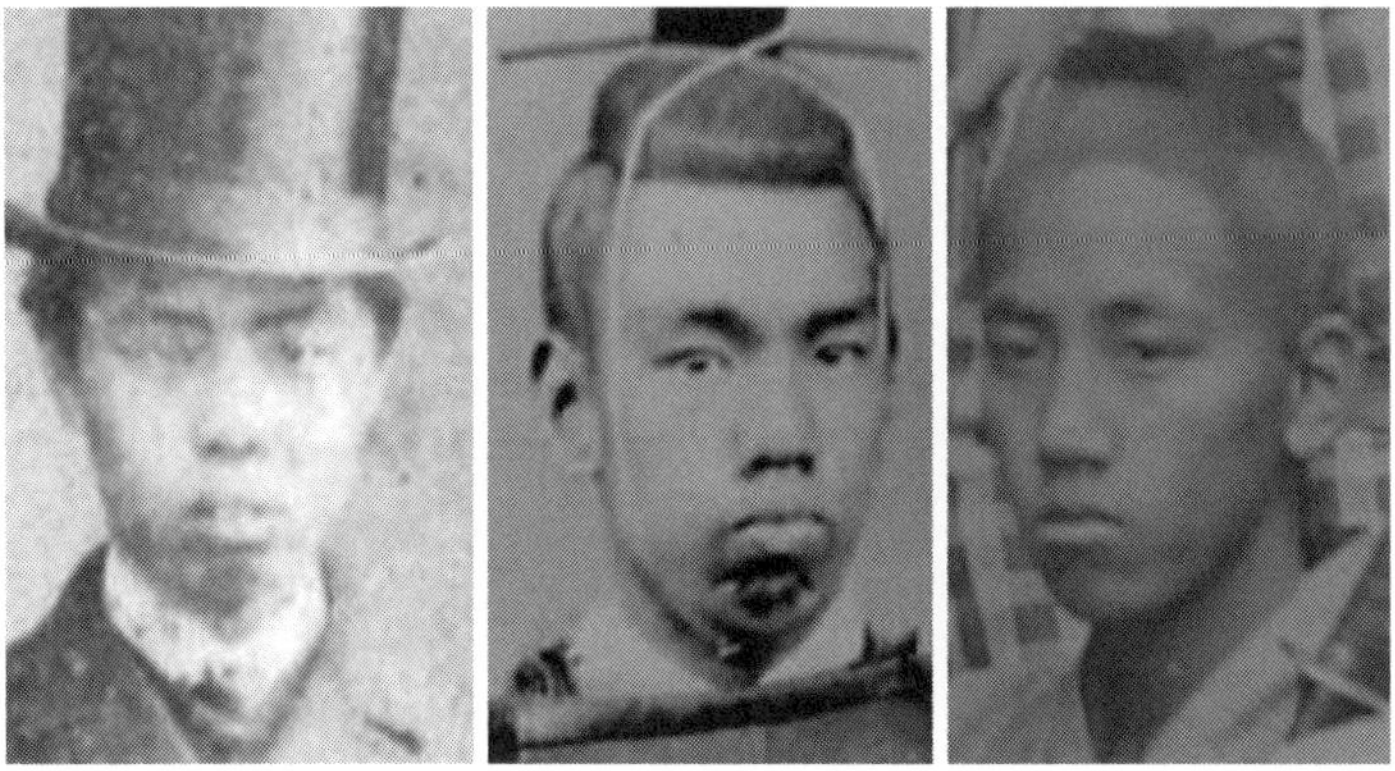

画像 序-1　左が箕作奎吾（満15歳／1867年撮影）、中央が明治天皇（満19歳／1872年撮影）、右が大室寅之祐？（1868年撮影）

その流れで箕作阮甫の血筋から箕作元八の兄である箕作奎吾（満15歳）の写真と明治天皇（満19歳）の写真を比較してみたところ、上顎前突《じょうがくぜんとつ》という両者の頭蓋骨の特徴が一致し、面立ちがそっくりであったことがわかった。さらに、明治天皇の書道に見える珍しい特徴も、箕作奎吾の筆である可能性が高いことを示していた。

しかも、満19歳の明治天皇の写真には、孝明天皇の複数の肖像画に描かれた中高《なかだか》な面立ちの面影はない。また、明治天皇すり替え説で挙がっている大室寅之祐には下顎前突の特徴があり、明治天皇の頭蓋骨の特徴とは一致しないことが解剖学的視点からわかった。

ここで見落としてはならない、天皇・睦仁すり替えの重大な歴史的背景がある。それは、英国女王が1859年7月11日から日本の将軍の領土において権能と管轄権を持つことになったことである。

この日英関係は、明治天皇がそれまでの条約上の名を将軍から天皇に読み替えるよう外国の公使たちに命じたことで、明治以降も継続している。例えば１８９9年2月3日付の英国官報『ロンドン・ガゼット』は、明治時代の日本を「a British possession（英国領）」と表記している。

さらに明治天皇が箕作奎吾であったと仮定すると、天皇すり替えを行った首謀者は、徳川慶喜をおいて他にないことがわかってくる。

日本が幕末に英国領になると、国際貿易と外交の窓口として儲けを拡大しようとする徳川幕府を倒そうとする動きは鎮まることなく続いた。大政奉還、王政復古の大号令、そして戊辰戦争へとエスカレートしていき、ついには１８６８年1月31日に元将軍・徳川慶喜征討の大号令が発せられた。しかし、そこからの復活が非常に不自然なのだ。同年5月3日に江戸城の無血開城を果たすと、５月25日には慶喜征討の解除が予告されてことなきを得たばかりか、旧幕府の面々が華族として政界に返り咲くことになるのである。

実はその不自然な返り咲きの原因こそが、徳川慶喜による天皇すり替えなのである。

例えば、将軍の名代で渡欧することになった徳川昭武《あきたけ》（満13歳）は、渡航前、他人に帝位を譲りたいと希望していた孝明天皇に拝謁している。ところが、その日が後に、誰もが知る孝明天皇崩御の日（１８６７年1月30日）になった。

また、昭武に随伴した一行の中には、箕作本家の当主である箕作麟祥《りんしょう》、在日英国公使館員のアレクサンダー・フォン・シーボルト、将軍の重臣・向山隼人正《むこうやまはやとのしょう》の姿があった。

向山は、大政奉還（１８６７年11月9日）を告げる手紙をフランスで受け取る前の１８６８年１

月15日にはフランスを発って帰途についている。しかし、2ヶ月以上かけて日本に到着したであろう時期は、少なくとも江戸城が無血開城される前であり、将軍の重臣が生きて日本に入国できたことは英国公使館の後ろ盾なくして考えられないことである。

それらの不可解な事柄の辻褄が合うように導き出された結論が、天皇すり替えの依頼主は孝明天皇であり、それを受けた徳川慶喜が家臣に命じて、英国にも幕府にも都合のいい人材を、幕府の英国留学の学生の中から選抜させた。そして、箕作阮甫の孫の箕作奎吾を、すでに明治前の1867年2月13日に践祚していた睦仁とすり替えた、というシナリオである。

2021年発行『特攻兵器「原爆」』から

世界初の核爆発に成功した証拠となる死の灰の成分が、1940年に米国物理学誌『フィジカル・レビュー』に掲載された。その死の灰を生成した実験を実施した研究者は、東京帝国大学と理化学研究所の合同研究チームの日本人たちであった。

その後原爆は、極東の英国植民地の島民に使用することが英米間で合意された。その合意が、日本人に原爆を使用すること、英国の原爆計画「Tube Alloys」について秘密にすることが英国チャーチル首相と米国ルーズベルト大統領の間で交わされた1944年のハイドパーク合意「Tube Alloys」(英国の原爆の隠語。チューブ・アロイズ：英国首相官邸最高機密の協約の英語タイトル)

である。

ただし原爆は空から降り注ぐ中性子によって早期爆発してしまうというウィークポイントがあることが、東京工業大学のジャーナルに説明されている。原爆を照準点まで空を水平移動で運ぶためには、何メートルもある水やコンクリートの層で覆い、空から降り注ぐ高速中性子を遮蔽《しゃへい》する必要があることが、日米の科学資料を総合することでわかったのである。

そのことから、原爆の運搬方法には、例えば、原爆を巨大な水槽に沈めて運ぶ方法や、あるいは喫水の深い船舶や潜水艇で水中に沈めて運ぶ方法があることが、原発の核燃料の運搬方法や核燃料を搭載した原子力潜水艦から推し量ることができた。つまり原爆は、B29で空を水平移動して運搬することは不可能であり、旧日本海軍が水中を運び特攻によって水面爆発させるしか方法がなかったと推察できるのである。

また、原爆を日本人に対して使った目的の一つは、放射線生物学における遺伝子の突然変異から遺伝子を解明することであり、もう一つの目的は、大日本帝国を無条件降伏させた世界最強の武器としての原爆を、戦後、世界警察に所有させることで世界平和を実現することであったことが、日本と米国の資料からわかった。

これまでに紹介してきたことは、にわかには信じ難い、とんでもないことです。なぜ、日本人がこんな目に遭わされる破目になったのか、考えずにはいられません。

なぜ私たちはずっと騙され続けてきたのか？
いつから騙されてきたのか？
何を隠すために？

本書では、それを見つけるために、何千年もの時をさかのぼって探っていきます。たどり着いた先には、人類の記憶から消し去られた、とてつもなく壮大で神々しい縄文人の歴史が待っています。

第1章から第9章の概説

第1章では、現在、日本がアメリカの属国に見えるのは、日本が英国領であることを隠すためであったことを、内外の史料から解き明かします。

第2章では、幕末の長州が、負けたように見せて目的を達成するステルスな兵法「負けるが勝ち」の使い手であったため、第二次世界大戦でもその兵法を英国領日本が実践させられたことを、内外の史料から明らかにします。

第3章では、唐土に定住していたユダヤ教徒が日本に渡来し、律令にまで影響を与えるようになったことを内外の史料から読み解きます。

第4章では、ユダヤ教から見た天皇、原罪、日本人、日本について解説します――天皇がイスラエルの神を継承していること。朝廷がユダヤ教の影響を受けていることを示す証拠となる原罪の正体。日本人には、エルサレム神殿でユダヤ人を焼き殺し、神殿を崩壊した側の復讐の数「七十七」を喜ぶ習俗があり、それが原爆で日本人を焼き殺す理由になった可能性。「日本」の二字は、モーセ五書のヘブライ語の漢訳であった可能性についてです。

第5章では、唐代に、周朝王族の子孫を名乗る則天武后が、百済の異称であった「日本」を、同じく周朝王族の子孫を名乗ってきた倭人の国の国号にした歴史を、内外の史料から検証します。

第6章では、縄文晩期に姫姓《きせい》の周朝王族から侵略を受けた秘史を、周公東征方鼎《しゅうこうとうせいほうてい》の銘文と『日本書紀』と弥生時代の考古研究資料から解き明かします。

第7章では、中国神話が、縄文人の歴史であったことを内外の資料や史料から解き明かします――日向岬《ひゅうが》の奇跡的な地形と自然現象が立証する太陽の母「羲和《ぎわ》」の神話。日向岬からエジプトまで鉱物資源を開発しながら旅をした「少昊《しょうこう》」の神話。九州近海で懐妊して生まれた「伏羲《ふくぎ》」は日本列島で漁網を発明し、その妹「女媧《じょか》」は土器作りを教えて人を育成した神話についてです。

第8章では、弥生時代に相当する日本神話の神々が中国神話の神々であったという非科学的な復古神道の歴史認識が大日本帝国のイデオロギーに用いられ、戦後、外交や政治上の都合で日本人の記憶から抹消されたことを明らかにします。

第9章では、「縄」が、産婦の生死を分けたへその緒の化身として、そして願を懸ける命綱として発明された経緯を、内外の史料や資料をもとにシミュレーションします。そうすることによって、ユダヤ教やキリスト教において食べると永遠に生きてしまうと信じられている命の木（生命の樹）が何であるのかが、明らかになります。

ユダヤ教と縄文の聖人　隠されてきたタブー史　目次

第2章　ステルスな兵法を見込まれた英国領日本

第3章　中国に移住したユダヤ教徒が日本にやってきた

第4章　ユダヤ教から見た天皇と原罪と日本人と日本

第6章　日本が姫姓の周朝王族から侵略を受けた秘史

第7章　中国神話はエジプトにまで行動半径を広げた縄文人の歴史

第8章　日本列島は隠された中国神話の聖地だった

第9章　縄文人はへその緒の化身として縄を発明した

エピローグ

凡例

西暦は、１５８２年10月４日まではユリウス暦を採用し、ユリウス暦１５８２年10月５日からは西暦１５８２年10月15日としてグレゴリオ暦を採用した。

装丁　吉原遠藤
校正　麦秋アートセンター
本文仮名書体　文麗仮名（キャップス）

第1章　日本はアメリカの属国か？

「日本はアメリカの言いなり」「日本はアメリカの属国だ」などと、日本の外交政策を批判する声は、戦後のマスメディアを通して、何十年にも渡って取り上げられている。また近年ではSNSを通して、同様の声が上がっている。しかし戦後に日本を占領したのは、米軍だけではなかったはずだ。

四国・中国地方に進駐したのはイギリス連邦占領軍であった。その他の地域を占領したのがアメリカ軍だ。それなのになぜ、私たち日本人は、米軍だけに占領されたような印象を持つようになったのだろうか？

それは、日本が米国の属国のような振る舞いをするようになった経緯をさかのぼることで、わかるかもしれない。

天皇が米軍の長期占領を希望したとする文書があった

戦後、昭和天皇が、イギリス連邦占領軍ではなく、アメリカ占領軍の長期占領を希望したことを記録した文書がある。それを、日本で初めて全文和訳して紹介しよう。

和訳して紹介する前に、この文書について説明しておかなければならないことがある。

この文書には期日や筆者についての記述がない上に、多くの主語が「He」（彼）や「I」（私）などの代名詞で表現されている。わかっていることは、ＧＨＱ民政局長のコートニー・ホイットニー（在任１９４５年12月〜１９５１年４月[1]）が個人的に所蔵していた文書であり、後にマッカーサー記念館に譲渡され、１９７８年に機密解除されているということである。

そこで、この文書についての情報を、マッカーサー記念館のアーキビスト（公文書専門職員）たちに取材したジョン・ダワー著『昭和天皇からのメッセージ[2]』（１９９９）から、要約して日本語で紹介しよう。なお、（　）内は筆者による補足である。

アーキビストたちの鑑定結果によれば、記録された時期は、１９４６年４月から７月の間であるという。また、筆者の候補としては、ジョージ・アチソン（ＧＨＱ外交局長、対日理事会議長：日本駐在１９４５〜１９４７）、ウィリアム・シーボルト（ＧＨＱ外交局長、対日理事会議長：日本駐在１９４５〜１９５２）、ロバート・フィアリー（アチソン大使の補佐官：日本駐在１９４５〜１９４６[3]）、マックス・ビショップ（外交官、連合国軍最高司令官政治顧問：日本駐在１９４５〜１９４７[4]）を挙げることができるという。天皇の通訳官の候補としては、寺崎英成《ひでなり》（宮内省御用掛：１９４６年時点、『昭和天皇独白録』の作成者[5]）と松平康昌《やすまさ》（宗秩寮《そうちつりょう》総裁：１９４６年時点[*6]）を挙げることができるとのことだ。

アーキビストたちは、文書の中の人代名詞「I」（私）の候補として、すなわち筆者の候補として、4名を挙げている。本書では筆者はジョージ・アチソンであったろうと考えて和訳することにする。その理由は、次の項で紹介する1947年の対日理事会でのアチソン議長のスピーチにも、日本の未来について、日本人の想像を超えた同様の趣旨のフレーズが登場するからである。

つまり、この文書から和訳する「また私たちは、他国の権利を尊重しイギリス連邦の一員となる日本の、民主的な、経済的に健全な発展に期待している」と同様のフレーズを、この文書が記録された翌1947年のスピーチに盛り込んだ人物が、アチソン議長だからである。

＊1 ホイットニーの在任期間　「RG-16 Papers of Major General Courtney Whitney」『リサーチ・ナビ』国立国会図書館

＊2 昭和天皇からのメッセージ　John W. Dower「A message from the Showa emperor」『Critical Asian Studies, Vol. 31, No. 4』1999, pp.19-24

＊3 Robert A. Fearey の日本駐在期間　Elizabeth Konzak「Register of the Robert A. Fearey papers」『Hoover Institution Library and Archives』Stanford University

＊4 Max Bishop の日本駐在期間　「Bishop, Ambassador Max Waldo Schmidt, 01/01/1937-12/31/1958」『Georgetown University Archival Resources』Georgetown University library

＊5 寺崎英成の役職・実績　舟橋正真「昭和天皇の「戦後巡幸」と宮中側近の動向：一九四五年から一九四八年を

中心に」『立教大学大学院文学研究科史学研究室紀要 巻2』2010年12月8日、p.41－54
＊6 松平康昌の役職　同右

◎ホイットニー旧蔵文書　全文和訳

〈「天皇は、占領がそんなに短期にならないことを期待していると、2週間前の書簡で述べたが、その根拠を、私から説明するよう望まれている」と、天皇の通訳は言った。天皇は、日本人の心にはまだ封建制度の名残が多くあり、それらを根絶するには長い時間がかかるだろうと感じている。天皇曰く、「日本人は全体として、民主主義のために必要な教育に欠け、また真の宗教心にも欠け、そのため極端から極端へと走りやすい」。また天皇曰く、「日本人の封建的特徴の一つは、人につき従うことを喜ぶ心である。日本人はアメリカ人のように自分の力で考えるように訓練されていない」。

天皇曰く、「徳川政権は、民は自分の領主に従うべきであり、忠誠心以外のいかなる道理も与えられるべきではないという論理の上に築かれていた。だから平均的日本人は、自分で考えようとすると伝統的なハンディキャップに直面してしまう。やみくもにつき従う本能でもって、日本人は今、アメリカの考え方を受け容れようと熱心に努力してはいるものの、労働者の状況を見ると、日本人は身勝手で権利ばかりに意識を集中し、任務や義務について考えることはしない。この背景には、日本人の思考と態度における長年の氏族的習慣がある。日本人が藩に分かれていた時代は、まだ終わってはいない。平均的日本人は、自分の親戚は自分の利益を追求してくれる味方とみなし、他人は利益を考慮するに値しない敵とみなす」。

天皇は最近、日本人の間で宗教心が欠如していることについてとてもよく話す、と天皇の通訳は言う。天皇は神道を宗教とは考えていない。神道は単なる儀式に過ぎないが、アメリカではははなはだ過大評価されていたと天皇は考えている。

神道にはまだまだ危険な側面がある。なぜなら、ほとんどの神道の信仰者は超保守的なのだが、神道の信仰者と、超国家主義を神道と同一視していた復員兵やその他の人々は、団結する傾向があるからだ。

信教の自由という秩序の下で、神道の教えを厳格に遵守《じゅんしゅ》するため、現在、日本政府が彼らを取り締まる手段を持っていない状況が危険である。天皇は、神道分子とその同調者が反米であるため、注意が必要と考えている。

天皇は、日本人のいかなる美徳についても話している場合ではなく、日本人の欠点を熟慮すべきと、感じている。日本人の短所のいくつかは、天皇を「占領は長期化すべき」という結論に導いた天皇の先の見解全体を総括する記述の中で指摘されている。

「天皇は、マッカーサー元帥とその行いに大変感銘を受けている」と、天皇の通訳は述べた。「マッカーサー元帥は、天皇もご存じの通り、アメリカと連合軍の両方の利益のために尽力するのと同時に、日本人の利益のためにも心から最善を尽くしている、最も偉大なアメリカ人の一人である」

と、ジョージ・アチソンは語った。「私たちアメリカ人は、日本に対する連合国側の目標が、世界全体と同様に日本側にとって最高の利益になると考えている。また私たちは、他国の権利を尊重しイギリス連邦の一員となる日本の、民主的な、経済的に健全な発展に期待している」と、ジョージ・アチソンは発言した。

賠償金に関する問い合わせに応じてジョージ・アチソンは、「マッカーサー陸軍元帥は、この問題ができるだけ早く解決するよう、しきりに気にかけている。そのためには、日本の実業家たちが仕事に取りかかることができるようにしたいと言っている。そして食品の輸入代金を支払うために、また国内で消費するために、必要な商品を生産することができるようにしなさい」と語った。

「マッカーサー陸軍元帥とその部下は、日本経済の早期安定を目指して、ありとあらゆることをしている。私は、日本人の勤勉さと倹約志向について、また経済状況の改善に向けて日本人が最大限に努力する必要性について、いくらかの意見をつけ加えた」と、ジョージ・アチソンは語った。

「天皇は連合国対日理事会におけるアメリカの態度にとても感謝しており、そのアメリカの態度は状況を安定させる効果があると天皇は感じている」と、天皇の通訳は語った。

しかし天皇は今、この国の労働状況をかなり心配している。そして天皇は、日本人労働者たちの模倣癖と、自分たちの義務を棚に上げた彼らの利己的な権利の追求が、アメリカの労働ストライキから悪影響を受けているとし、そのため、アメリカの炭鉱ストライキが速やかに解決することを望んでいる。

「天皇は、自身の治世に付せられた元号『昭和＝光り輝く平和という意味』が今は皮肉に思われるが、その昭和という元号を維持することを望んでいると何度も語った。そして天皇は、『素晴らしい平和』の治世に本当になることを保障するために、十分に長生きすることを希望している」と、天皇の通訳は語った。

「天皇は、鈴木貫太郎海軍大将のこうむった損失に心を痛めている。降伏の準備をするために内閣を率いるよう天皇が任命した人物である。しかし海軍の恩給だけならまだしも、公務員としての年金まで失ってしまった」と、天皇の通訳は語った。

鈴木は、長年天皇の侍従長を務め、降伏の準備を整える任務も見事に成し遂げたが、海軍大将としての彼の階級と、首相としての戦時中の地位は、当然ながらパージ（追放）に遭って剝奪されている。鈴木は皇室での役職に由来する恩給の受け取りは止められてはいない。

天皇は、鈴木海軍大将のためだけに個人的に不安にさせられているのではない。そうした剝奪は、日本側に理解されず、占領軍の得にもならないし、日本自身の得にもならないので、反米感情を生み出すからだ〉（John W. Dower「A message from the Showa emperor」『Critical Asian Studies, Vol. 31, No. 4』1999, pp.19-24のpp. 22－23に掲載された文書を和訳した https://www.tandfonline.com/doi/pdf/10.1080/14672715.1999.10415763）

天皇が挙げた「日本人の短所」

天皇は、「占領は長期化すべき」ということを米国側に伝えていた。占領が長期化するということは、すなわち、米軍主導の体制が長期化するという意味である。

しかも、米軍による日本の占領を長期化すべき理由は、日本人にいくつかの短所があるからだという。その部分を含む英語の原文は「Some of their faults were indicated in the foregoing general outline of the Emperor's thoughts which had brought him to the conclusion that the Occupation should last for a long time.」（日本人の短所のいくつかは、天皇を「占領は長期化すべき」という結論に導いた天皇の先の見解全体を総括する記述の中で指摘されている）である。

そして天皇が考える日本人の短所は次の通りである。

「人につき従うことを喜ぶ心」

「忠誠心」

「自分で考えるように訓練されていない」

「極端から極端へと走りやすい」

「身勝手で権利ばかりに意識を集中させ、任務や義務については考えない」

「他人は利益を考慮するに値しない敵と考えている」

「神道はまだまだ危険……日本政府が彼らを取り締まる手段を持っていない状況が危険」

このような短所を持つ人間が揃っていたら、日本国内ではいつ何時、誰かの煽動により暴動が起きてもおかしくない。また仮に、天皇が敵視され、暴動の標的にされることになったとして、その暴動を鎮圧する武装集団が日本人で構成されていたら、頼りないということにもなるだろう。

なお、天皇が日本人から敵視されるはずがないと思っている人も少なくないかもしれない。しかし、中沢啓治作『はだしのゲン』に登場する原爆孤児の少女、勝子の言葉として吹き出しに書かれた言葉には、

「最高の 殺人者 天皇じゃ」「あいつの 戦争命令で どれだけ 多くの 日本人 アジア諸国の 人間が殺されたか」（中沢啓治『はだしのゲン』）

などがあった。勝子のように、天皇を恨んでいた被災者も存在していたのである。

そう考えると、先ほど挙げた「日本人の短所」というのは、天皇にとって不都合な点、ということになるのではないだろうか。

ところで、日本が米国の属国のような振る舞いをするようになった原因は、天皇が、1946年に国民に内緒で米国に対して、「占領は長期化すべき」と、米軍主導の体制になるようメッセージを伝えていたことと関係がありそうだ。

日本は英国の領土のままで、独立していない

前項で説明した通り、1947年の対日理事会でのアチソン議長のスピーチには、前年のホイットニー旧蔵文書にあった「また私たちは、他国の権利を尊重しイギリス連邦の一員となる日本の、民主的な、経済的に健全な発展に期待している」と同様のフレーズが含まれている。具体的には「アメリカ人は、日本を真に民主的なイギリス連邦の一員に作り上げることを日本人に期待している」というフレーズである。

このフレーズには、今の日本はイギリス連邦の加盟国ではないのだからどうでもいい話だ、としてはいけない深い意味を含んでいる。その意味するところは、日本はイギリス連邦に加盟することができる国ということだ。

イギリス連邦の加盟国が例外なく大英帝国の旧領土であったことは周知のことだろう。それを前提として考えてみると、日本が「イギリス連邦の一員」になることを期待されていたということは、その時点の日本は、大英帝国の領土であったということになるのである。

「え、そんなこと、本当にあるの？」と思ってしまうような、まさに日本人の想像を遥かに超えた話ではないだろうか。

まずは、そのスピーチがいつ、誰によって書かれ、どんな類いの文書に記載されているのか、ま

たどこで開示されているのかを説明しよう。

そのスピーチは、1947年3月14日に、ジョージ・アチソン（GHQ外交局長兼対日理事会議長：日本駐在1945～1947）が米国国務長官に宛てた電報に記されており、また、米国国務省国際関係研究所歴史文献室のウェブサイトで公開されている。

その電報の目的は、次のようなことであったようだ。アチソン議長は本国出張から日本に戻り、占領に対する米国の立場について、連合国対日理事会でスピーチをした。そのスピーチの内容が、3月19日にGHQ広報室発行のプレスリリースに掲載されることになったため、そのプレスリリースの記事を国務長官に予告する。それが電報の目的であったようだ。

では次に、日本が「イギリス連邦の一員」になるという意味合いのフレーズを含む米国の公文書を和訳してみよう。

抄訳

〈アメリカ人は日本人が、日本を真に民主的なイギリス連邦の一員に作り上げることを期待している。この目的に向かって日本人が実際に行う政治的、かつ経済的な努力は、好意的な米国人の興味をそそり、米国人からの援助を受け続けることでしょう〉

原文

〈The American people expect the Japanese people to fashion Japan into a truly democratic and cooperative member of the commonwealth of nations. Effective Japanese political and economic efforts to this end will continue to meet with favorable American interest and assistance.〉（「The Political Adviser in Japan（Atcheson）to the Secretary of State」『FOREIGN RELATIONS OF THE UNITED STATES, 1947, THE FAR EAST, VOLUME VI』Office of the Historian, Foreign Service Institute, United States Department of State）https://history.state.gov/historicaldocuments/frus1947v06/d189

この原文中の「the commonwealth of nations」を「イギリス連邦」と和訳した理由を説明しておこう。

まず、1947年当時の「イギリス連邦」の綴りは、2種類あることに留意したい。一つは「The British Commonwealth」、もう一つは1931年のウェストミンスター憲章に基づく「The British Commonwealth of Nations」である。そしてプレスリリースの様式として、GHQ広報室のプレスリリースの冒頭には、問い合わせ先が記されているはずである。

では問い合わせ先がどうなっているべきかというと、そこには、連合国対日理事会のメンバーである米国の代表者アチソンをはじめ、イギリス連邦、ソ連、中国の代表者が名を連ねているはずである。そうなると、本文中では重複して「The British Commonwealth of Nations」とフルネームで記されることはない。そこで、British を略して単語の頭を小文字にし、「the commonwealth of nations」としたことが推し量れるのである。

この1947年のアチソンのスピーチで留意したいのは、「日本人が、日本を（中略）イギリス連邦の一員に作り上げることを期待している」の部分である。前年の1946年の文書では、「イギリス連邦の一員となる日本の、（中略）発展に期待している」となっていた。

それらの二つの違いを考えると、米国側は、日本が当然イギリス連邦の一員になるはずだと思っていたが、翌年には、日本人がイギリス連邦の一員に作り上げてくれることを期待するだけになったという変化があったことがわかる。つまり1年間で、イギリス連邦の一員になるには何かしらの障害が生じていた可能性がうかがわれるのだ。

そして現在、日本は米国側の期待を裏切って、イギリス連邦の加盟国ではないという結果に至っている。このことは同時に、日本が英国の領土のまま、独立していないことを意味することになる。

しかし、日本が英国領のままだということになると、「日本はアメリカの言いなり」で米国の属国のような振る舞いをする日本の現状とは、齟齬《そご》が生じる。

この矛盾した状況を説明してくれる資料があるので、次に紹介する。

昭和天皇が「在日米軍の撤退はダメだ」と命令した

その資料とは、戦中戦後の外務大臣を務めた重光葵《まもる》（1887〜1957）が書き残した手記である。その手記には、昭和30年（1955）8月20日、重光外務大臣が朝9時に東京・上野を出発して那須（栃木県）の御用邸を訪ね、昭和天皇に内奏をしたときのことが記されている。

　その部分を引用して紹介する。


〈渡米の使命に付て縷々《るる》内奏、陛下より日米協力反共の必要、駐屯軍の撤退は不可なり、又、自分の知人に何れも懇篤《こんとく》な伝言を命ぜらる〉（重光葵『続 重光葵手記』中央公論社、1988／5／1、p. 732）

　驚いたことに、憲法第4条第1項に「天皇は、この憲法の定める国事に関する行為のみを行ひ、国政に関する権能を有しない」と定められているにもかかわらず、天皇は「駐屯軍の撤退は不可なり」と、渡米前の外務大臣に命令していたのである。その理由も絞られてきた。国民に反共思想を植え付けるためというのがその理由だったようだ。国民の間に共産主義が蔓延したら、君主制は否定されるからだろう。

　天皇は、1946年に米国側に「占領は長期化すべき」と伝えたことは前述したが、その時から一貫して、1955年になってもなお、米軍に依存したいという思いが強かったことがわかる。

　では、専門家は日本が米国の属国に見えるようになった経緯をどのように説明しているのだろうか。

　初めに、元ハーバード大学国際問題研究所研究員・元外務省国際情報局局長・元防衛大学校人文社会科学群学群長である孫崎享氏の著書『戦後史の正体』から引用する。

〈昭和天皇とマッカーサーの11回におよぶ会談を詳細に分析した豊下楢彦教授によると、吉田首相の米軍基地に関する極端な属米路線には、こうした「在日米軍の撤退は絶対にダメだ」という昭和天皇の意向が影響していた可能性が高いそうです〉（孫崎享著『戦後史の正体』創元社、2012年）

関西学院大学の豊下楢彦《ならひこ》元教授によると、「在日米軍の撤退はダメだ」という昭和天皇の意向は吉田首相（在任1946－1947、1948－1954）の米軍基地に関する属米路線に影響を与えていたようだ。

次に、愛知学院大学の後藤致人《むねと》教授も『続 重光葵手記』の先の記述を受けて、彼の論文「戦後政治における昭和天皇の位置」で、天皇の政治色の強い在日米軍に係る意志が内奏で直接伝えられることを指摘しているので引用しよう。

〈渡米前の外相に対して反共問題、駐留米軍問題での天皇の意志が直接伝えられているように、「御下問」の内容も、質問の域を越えた政治色の強いものであったことがわかる〉（後藤致人「戦後政治における昭和天皇の地位」『岩手県立大学盛岡短期大学部研究論集 第2号』2000年3月26日、pp.57－68掲載のp.

61より引用）

それにしても、元外務省国際情報局局長の孫崎享氏が言う「属米路線」とは、強烈な言葉である。「属米」は「属於米国」の略で、米国の属国路線という意味合いだろう。日本が米国の属国のような振る舞いをするようになったのは、天皇の意向が反映された結果だったと言えそうだ。

一方、米国側はどうかというと、日本がイギリス連邦の一員になる予定でいたのだから、日本に対して従属を求めていたわけではないことがわかる。

結果的には、天皇の希望や命令が影響を及ぼし、米国の属国に見えるような路線が敷かれたということになりそうだ。

天皇の私利の意味はわからないが、天皇の命令は生きている

1946年に米国側に伝えられた天皇の意見は「占領は長期化すべき」であり、1955年に渡米前の外務大臣に伝えられた天皇の意見は「駐屯軍の撤退は不可なり」であった。

こうした天皇の米軍依存は、国や国民のためを思っての親心なのだろうか？　その答えは、沖縄県公文書館が米国国立公文書館から収集した「天皇メッセージ」と題された文書の中にあった。

この文書の筆者は、ホイットニー旧蔵文書の筆者候補としてアーキビストたちが名を挙げたうち

の一人、ウィリアム・シーボルト（日本駐在１９４５～１９５２）である。また、これはどういう類いの文書かというと、連合国対日理事会議長兼ＧＨＱ外交局長であったシーボルトが特命参事官（Counselor of Mission）として、１９４7年9月22日付で、米国国務長官に送ったタイプ打ちの手紙である。

その文書の中から、先ほどの「こうした天皇の米軍依存は、国や国民のためを思っての親心なのだろうか？」という問いへの答えを含む一文を和訳して紹介しよう。

和訳

〈日本の天皇は、米国が沖縄および他の琉球諸島の軍事占領を継続することを望んでいますが、それは間違いなくほとんど私利に基づく希望であることを留意されたし〉

原文

〈It will be noted that the Emperor of Japan hopes that the United States will continue the military occupation of Okinawa and other islands of the Ryukyus, a hope which undoubtedly is largely based upon self-interest.〉（「天皇メッセージ」沖縄県公文書館［資料コード：０００００１７５５０］所蔵 https://www.archives.pref.okinawa.jp/wp-content/uploads/Emperors-message.pdf）

この文書から、天皇は、沖縄と琉球諸島に対しても、米国による軍事占領の継続を望んでいたことがわかる。そしてその理由は、「間違いなくほとんど私利に基づく希望」だと分析されているのである。ただし、米国側が分析した天皇の「私利」とは具体的には何を指すのかは不明である。

しかし、はっきりしていることは、日本がイギリス連邦の一員になることを期待していた米国は、天皇の私利に基づく希望に応える形で、沖縄と琉球諸島の軍事占領を継続していたということである。

それにしても、そのような希望が無償で叶えてもらえるものだろうか。軍隊の駐屯には軍事施設や武器や演習の費用はもちろん、兵士や従業員への報酬、福利、宿舎の整備他、様々な費用がかかる。当然ながら、天皇の希望であれば、代価の要求があるはずだ。

防衛省の調べでは、〈2015年度の在日米軍駐留経費負担総額に対する日本側の負担割合は86・4%[*1]〉とのこと。米国防省の2002年の報告書『共同防衛に対する同盟国の貢献度』で、他国の米軍駐留経費の負担額と比べても、日本の負担額は44億1134万ドルと桁違いに高く、その負担割合も韓国が40・0%であるのに対して日本は74・5%と突出している[*2]のだ。

＊1 小槙祐輝「在日米軍駐留経費負担の概要と論点」『調査と情報― ISSUE BRIEF ― No. 1181』2022.3.17、国立国会図書館ウェブサイトp. 8
＊2 同資料p. 9 脚注62

しかし、米軍の駐留が、継続的に米国側に伝えられた天皇の希望であったことを国民に秘密にしていたなら、米軍駐留の見え方はまったく違ってくる。例えば、「戦勝国アメリカは、敗戦国日本に勝手に軍隊を駐屯させ、思いやり予算などの形で金まで搾り取っている」状況であり、日本は泣き寝入りを強いられているように見えてきたかもしれない。それこそまさに、「日本はアメリカの言いなり」「日本はアメリカの属国だ」と言われる状況である。

ただし今は、一部の戦争被災者から恨みを買っていた昭和天皇はいない。すでに代は2代も替わって、昭和天皇の戦後生まれの孫が今の天皇である。

はたして昭和天皇が米国側に伝えた米軍駐留の理由は、今上天皇にも引き継がれているのだろうか。今上天皇にとって、日本人の短所や日本人が共産主義に感化される不安がなければ、米軍に頼る理由はなくなるはずである。

ただし、米国側の分析により、天皇が私利に基づき米軍による沖縄占領の継続を希望したとされた、その私利の部分が何を指すのかは依然として不明である。そして、「日本はアメリカの言いなり」「日本はアメリカの属国だ」と言われる状況は今でも変わらない。

なお、昭和天皇が渡米前の外務大臣に〈駐屯軍の撤退は不可なり〉と命じたとされる内奏は、それ以前の1948年の芦田内閣で廃止を検討したという経緯がある。しかし、それ以降、今日もなお、内奏は継続され、昭和天皇の命令が生きているかのようだ。

日本が英国領であることを隠すための内奏だったか

そもそも内奏とは何かを確認しておきたい。内奏とは〈天皇に政治上のことで勅裁《ちょくさい》を仰ぐために、口頭または文書で上申すること。その行為を奏上、上奏、奏聞などといい、内密に奏することを内奏、密奏という〉(『世界大百科事典』平凡社)であるとされる。つまり、天皇に直接に裁決してもらうために内密に申し上げる機会が内奏である。

そこで気になるのは、戦時中はどうだったのか、内奏はあったのかということである。ところが戦時中の大日本帝国憲法第49条には、〈両議院ハ各々天皇ニ上奏スルコトヲ得〉とあり、天皇に勅裁を仰ぐ上奏が規定されている。なんと、内密に行われる内奏はなかったのである。

内奏は日本国憲法には規定がないばかりか、第4条に天皇は〈国政に関する権能を有しない〉と明記されている。では、現在も続いている内奏について宮内庁はどう説明しているのだろう。

調べたところ、〈閣僚の内奏については、皇室と国政との関係から…いわば儀式に準ずるものとして臨まれてきました〉(「天皇陛下に対する総理内奏に関する記事について」宮内庁ウェブページ2019年5月22日)とある。しかし、いずれにせよ、「内密に奏することを内奏」という限り、私たち国民には、その内容が本当に国政と関係がない「儀式に準ずるもの」なのか否か、知るすべがない。

私たちが知っていることは、今上天皇と閣僚が今も内奏を続けている現状と、「日本はアメリカの属国だ」と言われる現状の二つがあるということである。しかもこの二つの状況は、昭和天皇の時から変わっていない。

また、今上天皇が内奏で、昭和天皇と同様に「駐屯軍の撤退は不可なり」と外務大臣に命じているのか否かが不明であることもはっきりしている。そこで仮に、数学の要領で式を作ってみることにしよう。

昭和　［天皇の内奏の機会］＋［天皇命令「駐屯軍の撤退は不可なり」］＝［アメリカの属国に見える］

平成・令和　［天皇の内奏の機会］＋X＝［アメリカの属国に見える］

X＝［天皇命令「駐屯軍の撤退は不可なり」］

この式は暫定的なものではあるが、この式によると、今上天皇も「駐屯軍の撤退は不可なり」と外務大臣に命じている可能性があることを示唆しているということができるだろう。そうなると、米国の属国のような振る舞いに見える日本の現状と、日本が英国領であることを隠している現状との間に、齟齬は生じない。ただしこの見方は、あくまで推論の上に立って考察したものである。

ところが、日本が英国領である根拠は、それが間接的にわかる先の米国の資料にとどまらず、そのことがはっきり書かれた英国側の一次資料がある。その資料は次の項で紹介するが、それを大前提にすると、その推論は論証に変わる。

しかし私たち日本国民は、日本が英国領である可能性など微塵も想像したことがないのではないだろうか。ではどうして国民に感づかれずに今日まで来られたのか。

そのからくりは、先の式に、日本は英国領だという大前提を加えることではっきりする。


［日本は英国領］＋［天皇の内奏の機会］＋X＝［アメリカの属国に見える］

つまりXは、［日本が英国領であることを感づかれないようにする命令］ということになるだろう。

まさに、「駐屯軍の撤退は不可なり」という天皇の命令がぴったり当てはまる。この命令なしに、「日本はアメリカの言いなり」「日本はアメリカの属国だ」などと言われる状況は生まれなかったのだから。

さらに、米国による沖縄の軍事占領継続を希望した天皇の「私利」なるものは、「日本が英国領であることを国民に感づかれないようにすることで天皇の地位を維持したい」というものであったとすると、辻褄が合う。なにしろ米国は、日本がイギリス連邦の一員になることを期待していたのだから。

日本が英国領であることを記した英国の資料

日本が英国領であることが記された英国側の一次資料がある。その資料とは、ヴィクトリア女王の勅令を掲載した1884年7月1日付の英国官報『ロンドン・ガゼット』である。関係する箇所を抄訳する。

〈1884年6月26日、ウィンザー宮廷にて。

ここにまします、枢密院の卓越し給う女王陛下。

条約やその他の方法によることで、女王陛下はチャイナ、ジャパン、およびコリアの領土内で権力と管轄権を有している…

(中略)

第1条　この勅令は、「1884年枢密院勅令、チャイナ、ジャパン、コリア」と称することができる

(第2条〜7条略)

第8条「1881年逃亡犯法」は、英国民に関して、チャイナ、ジャパン、コリアそれぞれに、この種の国々が英国領だったとして、同法第二部および本条を適用する。チャイナ、ジャパン、お

よびコリアは、英国領の一つのグループとみなすものとする、また、チャイナ、ジャパン、コリアに対する女王陛下の担当大臣（場合に応じて）は、英国領の総督あるいは最高裁判所の権限を有するものとする。（以下第9条〜11条略）〉（『The London Gazette』発行番号25372、ページ番号2991〜2993　https://www.thegazette.co.uk/London/issue/25372/page/2991, https://www.thegazette.co.uk/London/issue/25372/page/2992, https://www.thegazette.co.uk/London/issue/25372/page/2993）

英国の官報は、枢密院勅令として、〈チャイナ、ジャパン、およびコリアは、英国領の一つのグループとみなす〉と報じている。この原文は〈China, Japan, and Corea shall be deemed to be One group of British possessions〉である。この「deem」はみなすと和訳される法律用語なのである。「みなす」の用例としては、例えば民法第31条に、失踪の宣告の効力として、〈…失踪の宣告を受けた者は…時に、死亡したものとみなす〉がある。たとえ失踪した本人が現れて新聞に生きていると声明を発表したとしても、同法第32条の手続に従って家庭裁判所が失踪の宣告を取り消さない限り、法律上は死亡したままになっている。

つまり、法律上でみなされたことは、法で規定された方法で取り消さない限り、効力が続くのである。

また、〈「1881年逃亡犯法」は、英国民に関して、チャイナ、ジャパン、コリアそれぞれに、この種の国々が英国領だったとして〉と、報じている。ということは、日本はそのように報じられた1884年以前から英国領だったことになるのか。

さらに、ここで確かめておきたいのは、「1881年逃亡犯法」第二部に何が記されているのかという点である。そこで次に、英国君主を国家元首とするオーストラリアの、クイーンズランド州最高裁判所図書館のウェブサイトから、「1881年逃亡犯法」第二部の初めの第12条の冒頭を和訳する。

〈第二部
植民地間の令状の裏書きおよび犯罪
本節の適用
第12条　英国領のグループに対する本節の適用。本法の第二部は、隣接しているか否かに関わらず、一律に適用することが女王陛下に対して簡便と考えられる英国領のグループにのみ適用されることとする。（以下略）〉（「THE FUGITIVE OFFENDERS ACTS, 1881 and 1915」クイーンズランド州最高裁判所図書館）

「1881年逃亡犯法」の第二部には、〈英国領のグループにのみ適用される〉と記されている。言い替えると、その法の第二部は、英国領にしか適用されないということである。

つまり、この勅令「1884年枢密院勅令、チャイナ、ジャパン、コリア」はその第8条で、英国の法律「1881年逃亡犯法」第二部を適用し、日本を英国領とみなしたということである。要するに、日本はこの時、英国において法的に英国領になったということだ。

実際、その15年後、英国官報『ロンドン・ガゼット』（1899年2月3日付）に報じられた〈1899年枢密院勅令 チャイナ、ジャパン、コリアの特許等〉の第1条に、チャイナ、ジャパン、コリアが、英国領（British possession）として記されている。

*『The London Gazette』（発行番号27048、ページ番号682） https://www.thegazette.co.uk/London/issue/27048/page/682

しかし日本が英国に占領されたという歴史はない。なのになぜ、英国領になったのか。

そのヒントが、先の英国の勅令「1884年枢密院勅令、チャイナ、ジャパン、コリア」の前文にある。そこにはこうある。〈条約やその他の方法によることで、女王陛下はチャイナ、ジャパン、およびコリアの領土内で権力と管轄権を有している〉と。

日本がなぜ英国領になったのか、その経緯は、条約やその他の方法によるというのだ。もう少し細かく見ていこう。

起源は1859年7月の講和条約から

1859年3月4日付の英国官報『ロンドン・ガゼット』によれば、1858年8月26日に署名された条約の批准書が交わされた日から、英国女王は日本で権力と管轄権を持つという。

日本が1858年8月26日に署名した条約とは、「法令全書 慶応3年」(内閣官報局、明20〜45年 https://dl.ndl.go.jp/pid/787948/1/299)によれば、「日本國大不列顚國修好通商條約」(日英修好通商条約)を指すのであり、1859年7月11日に批准されている。1858年に署名して花押《かおう》を書いたのは、水野筑後守、永井玄蕃頭、井上信濃守、堀織部正、岩瀬肥後守、津田半三郎。1859年の批准書の署名は「源家茂《いえもち》」(徳川家茂)、押印は「経文緯武《けいぶんいぶ》」と篆刻《てんこく》された銀印である*。

* 「幕末将軍家の銀印見つかる 国家元首の意思示す」「日本経済新聞」2018年8月20日付

しかしその日本語の条文に、英国女王が日本で権力を有したなどということは記されていない。それもそのはず、条約の名称の和訳が誤りなのである。

この条約は、敗戦国の賠償金や領土割譲などが明記される講和条約(Treaty of peace)の類であり、英語で〈Treaty of peace, friendship and commerce〉と綴られている。つまりその正確な和訳は、「修好通商講和条約」なのである。

その条約の正確な名称や、その批准書が交わされた日から英国女王が日本で権力と管轄権を持つことが記された英国官報『ロンドン・ガゼット』の記事の関係箇所を和訳してみる。

〈1859年3月3日、バッキンガム宮殿の宮廷にて。

ここにまします、枢密院の卓越し給う女王陛下。

女王陛下の治世の6年目と7年目に開催された議会で可決された議会制定法により、「女王陛下の管轄外の様々な国や場所における女王陛下の権力と管轄権の行使に関する疑念を払拭し、またそれをより効果的にする法律」と題されたその法律には、特に、女王陛下が現在有し、また今後有することになるいかなる権力と管轄権は、いかなる国においても、また女王陛下の領土外においても、これまでに領土の割譲や征服によって権力と管轄権を獲得したのと同様、かつ十分な方法で保持され行使され、享受されることが、女王陛下にとって合法であり今後も合法であるとすることが規定されている。

修好通商講和条約（Treaty of Peace, Friendship, and Commerce）は、女王陛下とジャパンの大君陛下によって取り決められ、結ばれている。そしてそれは、昨年の8月26日に全権公使らによって署名された。前記の条約の批准書が交わされたら直ちに、女王陛下は、ジャパンの大君の領土において権力と管轄権を有する。

したがって、今、前記の法律に従って、女王陛下は枢密院の助言により勅令を下すことを慶び、そして以下の通り、ここに勅令される。

第1条　この勅令は、女王陛下とジャパンの大君陛下の間で、この条約の批准書が交わされた日から直ちに開始し効力を持つ。〈以下略〉（『London Gazette』1859年3月4日発行、発行番号22236、ページ番号989より抄訳　https://www.thegazette.co.uk/London/issue/22236/page/989）

この通り英国では、トンデモなく傲慢な法が制定されていたわけである。それが、「女王陛下の管轄外の様々な国や場所における女王陛下の権力と管轄権の行使に関する疑念を払拭し、またそれをより効果的にする法律」である。この法律によると、女王の軍に逆らえない国や、逆らわない国では、英国領と同様に、女王が権力と管轄権を楽に有することになるというのである。

また、「女王陛下は、ジャパンの大君の領土において権力と管轄権を有する」というフレーズは、これ以降、複数回に渡って英国官報『ロンドン・ガゼット』で報じられていくことになる。

1865年4月28日付の英国官報『ロンドン・ガゼット』（発行番号22963、ページ番号2240）に掲載された「1865年枢密院勅令、チャイナとジャパン」という記事の前文に、〈女王陛下はチャイナの皇帝の領土およびジャパンの大君の領土において、以前も今も権力と管轄権を有している〉と英語で記されている。

1874年8月11日付の『ロンドン・ガゼット』（発行番号24121、ページ番号3912）に掲載された「1874年枢密院勅令、チャイナとジャパンの海事」という記事の前文には、〈女王陛下は、チャイナの皇帝の領土およびジャパンの帝の領土において、以前も今も、権力と管轄権を有している〉と英語で記されている。

1881年10月28日付の『ロンドン・ガゼット』（発行番号25032、ページ番号5289）に掲載された「1881年枢密院勅令、チャイナとジャパン」という記事の前文には、〈女王陛下は、チャイナの皇帝の領土とジャパンの帝の領土における女王陛下の民と他の人々に関して、権力と管轄権を有している〉と英語で書かれている。

ここで留意しておきたいのは、1881年に、日本の帝の領土において、英国人以外の人、つまり日本人に対しても、英国女王が権力と管轄権を持つに至ったということである。英国は、騙し騙し英国官報に、「あなたの国では英国領と同様に女王が権力と管轄権を持っていますよ」と繰り返し何度も発表しながら、1884年にはついに、前項で述べた通り、日本は過去も英国領だったとして、法的に英国領だとはっきりと英国官報で報じるに至るのである。

しかしここで疑問が生じる。「日英同盟」とはいったい何だ、ということである。すでに『もう一人の「明治天皇」箕作奎吾』で調査結果を報告した通り、様々な単語で英国官報をキーワード検索したが、日本と英国の国家間の協約は掲載されていないのである。

さらに、日本の国立公文書館アジア歴史資料センターのウェブサイトに掲載された「The Anglo-Japanese Alliance, January 30, 1902」(日英同盟、1902年1月30日)の画像*を見ると、駐英日本公使・林董《ただす》の署名「Hayashi」と英国外相・第5代ランズダウン侯爵ヘンリー・ペティ=フィッツモーリスの署名「Lansdowne」が見える。しかし、その両者の赤い封蠟《ふうろう》の下にリボンの連結がないのである(公式の国家間の取極《とりきめ》では、署名者の封蝋の下をリボンでつなげる)。

つまり、偽造や模造である可能性があり、少なくとも正式な書面とは言い難いのである。

*国立公文書館アジア歴史資料センターウェブサイト「The Anglo-Japanese Alliance, January 30,1902」(https://www.jacar.go.jp/english/nichiro/uk-japan.htm)

第1章のまとめ――日本はアメリカの属国ではなかった

1884年の英国官報に、日本は以前から英国領だったとして、英国領のみに適用する「1881年逃亡犯法」を、チャイナ、ジャパン、コリアを英国領とみなして適用すると、勅令したことが報じられている。その年、日本は、英国の法の上と勅令の下で、英国領とみなされたことがわかった。

そもそも、そうなった原因は、英国女王と将軍との間の「Treaty of Peace, Friendship, and

Commerce」(日英修好通商講和条約)の批准書を1859年7月11日に交換したことにあったようだ。そうしたことで、英国君主に、日本での権力と管轄権を許したことになったのだから。

それ以降、英国官報『ロンドン・ガゼット』は、度々、「女王陛下は大君(後に帝に読み替えられる)の領土で権力と管轄権を有している」と報じることになる。1884年に、ついに日本を英国領とみなすという法律用語が使用されるに至るのである。

しかしその間も、それ以降も、日本人は英国の支配に対して抵抗運動を起こしたことがない。なぜなら日本は、未だその条約が敗戦国が賠償金や割譲を強いられる講和条約の類であることを隠して、「日本國大不列鎮國修好通商條約」(日英修好通商条約)であったとしているからである。

また米国の公文書にも、1946年と1947年の時点で、日本が英国領であることがわかる記載があることがわかった。米国側が、日本がイギリス連邦の一員になることを期待していることが記されていたことから、その当時、米国も、日本が英国領から独立していないという認識であったことがわかる。

1884年に英国の法律の上で英国領とみなされたチャイナ、ジャパン、コリアのうち、中華人民共和国は1949年10月1日に建国した。大韓民国は1948年8月15日、朝鮮民主主義人民共和国は1948年9月9日に建国しているが、日本は1884年以降に建国してはいない。

しかし昭和天皇は、戦後の1946年、米軍の長期占領を望んでいることを米国側に伝えていたことが米国の公文書からわかったわけである。また、1947年、天皇が米軍による沖縄占領の継続を希望している理由が、天皇の私利によると、米国側に認識されていたことも米国の公文書からわかった。

そうしたことを総合すると、日本が英国領であるにもかかわらずアメリカの属国のように見える原因は、戦後の歴代天皇が内奏を通して、米軍の駐留を願い、それを閣僚に命じている可能性が高いと本書では解析している。またその理由については、未だ日本人に日本が英国領であることを感づかれていないことから、日本が英国領であることを隠すためだろうという考察に至ったわけである。

第2章　ステルスな兵法を見込まれた英国領日本

第二次世界大戦で使われたステルスな兵法「負けるが勝ち」

第二次世界大戦の間、日本が英国領であるということは隠されてきた。

これはいったいどういうことなのか。日本が英国領なら、第二次世界大戦中の旧日本軍は連合軍側だったはずだ。しかし、公的には旧日本軍は米国と敵対する枢軸《すうじく》国の側だったことになっている。

ところが近年ウェブ公開された英国官報『ロンドン・ガゼット』のバックナンバーによれば、旧日本軍の統帥者であった昭和天皇は、満州事変の前年に当たる1930年6月26日、名誉職の英国陸軍大将から正規軍の陸軍元帥になったことが、英国戦争省（現在の陸軍省）の発表として報じられている*。

*『The London Gazette』発行番号33619、ページ番号4028、https://www.thegazette.co.uk/London/

日本が英国領であり、昭和天皇が英国の正規軍の陸軍元帥であったこと、そして『特攻兵器「原爆」』で解き明かした「原爆は空を水平移動して運べない」という現代科学の限界を重ね合わせることで、第二次世界大戦の真相が見えてくる。

英米日合作の原爆投下トリック

Ｂ29による原爆投下はウソだった。その根拠は、本書の「序」で、『特攻兵器「原爆」』の概要として説明した通りである。

原爆は、水平移動中の早期爆発を防ぐために、その核分裂燃料を、空から降り注ぐ宇宙線の高速中性子を遮蔽してくれる水やコンクリートの何メートルもの分厚い層で覆う必要がある。Ｂ29の機体の太さほどの水タンクを縦にしたような形を想像したらいい。当然、その大きさの水タンクはＢ29に搭載できない。

原爆を照準点まで早期爆発させずに運ぶには、核分裂燃料を、巨大な水タンクに沈めて陸路を運ぶか、あるいは喫水の深い船舶の水槽や潜水艇ごと水中に沈めて運ぶ方法が考えられる。つまり、原爆は、日本による自爆の他に爆発方法がなかったわけである。

ところが米軍では、原爆炸裂前からラジオゾンデ（爆圧等測定器）をB29が投下していた。また、長崎の原爆を空中撮影するため、米軍の爆撃機「ビッグ・スティンク」には、マンハッタン・プロジェクトの英国側代表団長のウィリアム・ペニー男爵や英国空軍レナード・チェシャー大佐も搭乗していた。

こうしたラジオゾンデの投下や原爆の空中撮影は、日本が英国領であり、原爆投下がトリックであったことを秘密にしていたら、敵の米軍が原爆投下したと信じさせるのに十分な状況証拠になる。

また日本側でも、一条の飛行機雲を引く飛行機を目撃した広島の被爆者たちは、それが広島上空で被爆した本田稔氏の操縦する紫電改であったと知らずにB29だと思い込み、多数が爆発の前にB29を見たという証言を残すに至った。ただし、B29の空襲に怯えた他地域の日本人の記憶には、4条の飛行機雲を引くB29として残っていたのだから、被爆者は、戦時中は日本政府から、戦後は日米政府から、「B29が原爆を投下した」と洗脳されたものと考えられる。

さらに日本側は、米国の原子力委員会がウラン－238は高速中性子によって核分裂するとウェブサイトで説明しているにもかかわらず、公共団体、大学、民間企業を総動員して、ウラン－238は「核分裂しない」、あるいは「核分裂しにくい」と、執拗に広宣流布している。このことによって、空から降り注ぐ宇宙線の高速中性子でウラン－238は核分裂して爆発を起こし、また同時に中性子を吸収してプルトニウム－239を生成するという、広島・長崎原爆に関して、一揃いの原爆生産のメカニズムを隠すことに成功している。

その他にも、『特攻兵器「原爆」』で紹介した通り、原爆投下のトリックに有用な嘘やこじつけや言い訳が日本側には数多ある。

原爆自爆の見返り

これらのことから、米国は英国領日本による原爆自爆の計画を知っていたことがわかる。日本側も、原爆を自国民に向けて炸裂させるという、どうしても償いきれない大罪を米国に肩代わりしてもらえるという作戦に乗じていたことがわかる。

しかし、日本側はどんな見返りを約束されたら、こんな恐ろしい作戦を呑むことができたのだろう。日本は戦後、何か米国から見返りをもらったのか。戦後史を振り返ってみよう。

◎見返り① 原爆の特許権使用料収入

多くの日本人が知る由もないが、日本では原爆が爆発した時から、学術界で、不可解な動きが始まっていた。そのことを、『特攻兵器「原爆」』から要約して説明する。

大日本帝国の文部大臣が管理する学術研究会議の特別委員会は、九つの分科会（物理学・化学・地理学部会、生物学部会、工学・金属学部会、電気通信学部会、土木工学・建築学部会、医学部会、農学・水産学部会、林学部会、獣医学・畜産学部会）からなる。その各分科会から米国に対して、原爆特許の仮出願のような英語の文書群[＊1]を、マンハッタン・プロジェクトが原爆特許出願を締め切る１９４６年12月31日[＊2]までに、複数回提出していた。

なお、マンハッタン・プロジェクトが受け付けた特許出願は整理され、そのうち１２５０が特許庁に出願されたという。原爆特許には、新兵器としての殺傷・破壊能力を証明する実験データが必要なのはもちろんだろうが、原子力発電などのエネルギー利用につながる技術まで出願があったという[＊3]。そして原爆特許の数々は、２００８年の時点で未だ、米国の特許庁が秘密特許として非公開で管理している。

＊1「Japanese Material Organization for Study of Atomic Bomb Casualties Monthly Progress Reports」National Academy of Sciences http://www.nasonline.org/about-nas/history/archives/collections/organized-collections/atomic-bomb-casualty-commission-series/abccrpt_pt3app2.pdf

＊2 Alex Wellerstein「Patenting the Bomb: Nuclear Weapons, Intellectual Property, and Technological Control」「Isis: A Journal of the History of Science Society Vol. 99 No. 1」March 2008, pp.57-87

＊3「The Rush to Patent the Atomic Bomb」website National Public Radio of the U.S.A. March 28, 2008, 4:56 PM ET

しかし日本から米国に提出された英語の文書群は本当に原爆特許の仮出願だったのか。その真相は、原爆技術について、小出裕章氏が京都大学原子炉実験所（現・京都大学複合原子力科学研究所）の助教時代の２０１４年2月3日に証言した内容からも推し量ることができる。次に、ＩＷＪ

（インディペンデント・ウェブ・ジャーナル）のインタビュー記事からその証言を引用する。

〈小出「（前略）原爆を作るための技術というのは、核分裂性のウランを濃縮するというウラン濃縮という技術。それからプルトニウムを生み出すための原子炉。それから、生み出されたプルトニウムを取り出すための再処理という三つの技術があります。（中略）そして、現在の国連常任理事国である米国、ロシア、イギリス、フランス、中国の五カ国は、その三つの技術を持っているのですね。（中略）その5カ国は、自分たちだけはその技術を持ってもいいけれども、他の国には、絶対持たせないということで、ＩＡＥＡを作って、国際的な監視をするということにしたんですね。（以下略）」

小出「（前略）ただし、核兵器保有国5カ国のほかに、世界で1カ国だけ、この三技術を持っている国がある。それが、日本なんですね」〉（「【ＩＷＪブログ】東京都知事選「脱原発」という争点を巡って原発と核兵器技術の保有はコインの裏表～岩上安身による京都大学原子炉実験所助教・小出裕章氏インタビュー 全文掲載」ＩＷＪ、2014年2月7日公開 https://iwj.co.jp/wj/open/archives/124093）

つまり、国連常任理事国しか所有を許されていない原爆製造に関わる三技術を、日本が所有していても、ＩＡＥＡはそれを違反だと言わないのである。その不可思議な理由について、小出氏は、「日本だけがその三技術を持つことができたわけですけれども、それも日本が米国の属国であるから、米国がかろうじて、ウンと言ったという、そういう状態なのです」「ＩＡＥＡというのは、米国の手先なわけじゃないですか」と、ＩＷＪの同じインタビューで説明している。

しかし、日本が米国の属国というのは誤りだった。本書の第1章で、英米の第一級歴史資料を紹介した通り、日本は、米国の属国のように見えて、実は英国領である。

したがって、日本が国連常任理事国しか所有できない三技術を所有できている理由は、日本が米国の属国だからではないのである。原爆特攻を実施した日本が原爆特許を所有していることに他ならないということになるだろう。

さらに重要なことは、その原爆製造に関わる三技術が、いずれも原子力発電に関わる技術でもあることだ。どういうことか説明しよう。

「ウラン濃縮という技術」は、原子力発電用の核燃料にも使用するウラン－235の、ウラン濃縮にも使用される技術であることが知られている。

「プルトニウムを生み出すための原子炉」とは、プルトニウム生産炉を指していると思われるが、原子力発電用の軽水炉でも、使用済燃料中の1％がウランからプルトニウムに変わる*。
＊「使用済燃料」『原子力百科事典 ATOMICA』国立研究開発法人 日本原子力研究開発機構
「生み出されたプルトニウムを取り出すための再処理」とは、日本の場合、原子炉の水中に沈められた燃料棒の被覆管の中で生成された1％のプルトニウムを、核分裂させないように、また爆発さ

せないように、安全に取り出す技術のことである。

すなわちウランとプルトニウムの原爆を特攻によって爆発させた後で様々なデータを収集した日本は、原子爆弾と原子力発電の両方に関わる重要な技術を、米国に秘密特許化してもらっている可能性が100％に限りなく近いということだ。

そしてその特許権使用料収入は、内外で原発を作れば作るほど、がっぽり日本側に入ってきていることになる。ただし、そのような歳入は、周知の通り、国民が知ることのできる分野には存在していない。

その特許権使用料収入を受け取っているのは、国ではないことは確かだろう。第二次世界大戦で日本自ら原爆を日本人に対して使用した見返りは、日本側のどこかには入ってきても、日本の財政には還元されていないのである。

◎見返り② 高度経済成長

一方、戦後の1950年から1953年まで続いた朝鮮戦争の特需により、米国から日本に莫大な利益がもたらされたことが知られている。

また、戦前に1ドル＝2円だった為替レートが、戦後、1ドル＝360円（1949〜1971）に固定されたことで、日本の輸出貿易に有利に働く時期を作った*。

その結果、日本は経済大国に上り詰めることができた。日本の経済にとっては、確かによい見返りだったのかもしれない。しかし、戦時中に焼夷弾や原爆でむごたらしい犠牲を強いられた大勢の日本人の命と人権の重さに比べたら、その見返りはささやかすぎるどころか、微塵の賠償にもなっていない。

ただ、幸運にも生き延びた人々とその子孫が、何も知らずに戦後の高度経済成長を謳歌《おうか》したに過ぎない。しかしそれが、日本が敗戦国を演じた見返りだったのだろう。

＊板谷敏彦、井上元太「第3回 1ドル＝360円が、今の変動相場制になったワケ、金融の歴史から学ぶ、今を生きるヒント」ＳＭＢＣ日興証券ウェブサイト「日興フロッギー」、２０２２年12月23日

兵法「負けるが勝ち」の舞台裏

それにしても敵対したはずの日米間で、なぜ、日本軍の原爆特攻を米軍の原爆投下にすり替えるというトリックが可能だったのか。それは、日本が英国領であることが隠され続けていること、そして、昭和天皇が英国の正規軍の陸軍元帥であることが戦時中の日本で報じられていなかったことの2点により自明である。

とはいえ、日米の双方には、原爆を広島と長崎で使用する前から、英米の管理の下で原爆投下トリックについて話し合っていた人々が、イギリス連邦と英国領日本と米国の軍人や科学者の中にい

なければ、原爆投下トリックは実現できなかったに違いないのである。

そして原爆は、日本海軍が広島の元安川と長崎の浦上川で水面爆発し、長崎の原爆は米英共同で空撮された。

原爆の爆発時から終戦直後の時期にかけては、日本の学術研究会議の特別委員会の九つの分科会が原爆の効果を調査して原爆特許の仮出願のような英語の文書群を米国側に提出した。その一部が、先に出典を掲載した通り、米国科学アカデミー（National Academy of Sciences）のウェブページに掲載されている。

そして、原爆の特許出願の整理に携わったのは、米国陸軍が運営するマンハッタン・プロジェクトの空爆に精通した陸軍エア・フォースの将校ではなく、水路での軍事に精通した海軍のラベンダー大佐であった。そのことは、先に出典を掲載した通り、アレックス・ウェラースタイン教授の2008年の論文「Patenting the Bomb: Nuclear Weapons, Intellectual Property, and Technological Control」（爆弾の特許化：核兵器、知的財産、技術管理）で説明されている。

これらのことから、多くの人が原爆トリックに関わっていたことが見えてきた。しかしそれが関係者の口から漏れないのは、暴露したところで、日本が英国領であることや、昭和天皇が英国の正規軍の軍人であることが隠されていたため、戦争の構図としてあり得ない話であり、狂愚として相手にされないことが容易に想像できるからだろう。

つまり、第二次世界大戦で日本が原爆投下というトリックによって見かけの敗戦をしたことは、結果的に、日本の一部の人々が希望した未来を獲得して勝ち組になる兵法であったと言えそうである。

武士道と云うは死ぬ事と見付けたり

「負けるが勝ち」という兵法を認識できる人はどれくらいいるのだろう。

まさか夥《おびただ》しい数の臣民の命を犠牲にして負けを演じる国があるなどということは、どこの国の軍事評論家も軍事学者もジャーナリストも、想像できないだろう。しかし、「武士道と云うは死ぬ事と見付けたり」（口述：肥前藩士・山本常朝、筆録：田代陣基『葉隠』または『葉隠聞書《ききがき》』1716年頃成立）という思想があることを思えば、「負けるが勝ち」という兵法も、大日本帝国では可能なことがわかるだろう。

満州事変以降の日本で、臣民の教化として『葉隠』が利用されたことを調査した論文があるので引用する。


〈（前略）「葉隠」の存在は1930年代に知られるところとなり、日本民族の精神の発露として読み替えられ、佐賀の「葉隠」は日本の「葉隠」へ変貌していくのである。（中略）1941年1月8日には、東条英機陸相が「戦陣訓」を下達し、同日の『朝日新聞』朝刊7頁に掲載された東条の談話では、「葉隠論語」に言及している。（以下略）〉（谷口眞子「1930年代の日本における『葉隠』の普及過程」『WASEDA RILAS JOURNAL No. 6』2018年10月、pp. 285－299）

「武士道と云うは死ぬ事と見付けたり」は日本民族の精神だという概念が、兵法を考案する軍人の思想の根底にあるならば、目的のために臣民の命を犠牲にすることに躊躇はなかったのかもしれない。まさに、兵法「負けるが勝ち」は、現代の日本人や欧米人の想像を絶するがゆえに、ステルス（秘密裏に行われること）効果が持続する兵法でもある。

長州藩主も使った兵法「負けるが勝ち」

実は、臣民の命を犠牲にして戦争で負けを演じ、望んだ未来を勝ち取る兵法が、すでに幕末の日本で実際に使われていた。その兵法を持ちかけたのは長州、持ちかけられて参加協力したのは、英国だった。

◎英国外務省の覚書

その持ちかけられた兵法を聞き取った英国外務省の記録が、1864年7月1日付の覚書「Memorandum」（FO 46／49）として、現在はイギリス国立公文書館に所蔵されている。

その兵法を持ちかけたのは、英国に密航した長州五傑のうちの山尾庸三（26歳）、野村弥吉（井上勝／20歳）、遠藤謹助（28歳）の3名である。彼らは藩主の密使として藩主が考案した兵法を、1864年6月下旬までには英国外務省職員に伝えていた。

持ちかけられた兵法を聞き取った英国外務省の職員というのは、二等下級書記官のレジナルド・ラッセル（Reginald Russell）[*1]である。彼は、日本が日英修好通商講和条約に批准した1859年7月11日当時の外務大臣ジョン・ラッセル（初代ラッセル伯爵）の、従兄弟の息子である[*2]。

＊1『The Foreign Office List and Dipromatic and Consular』Great Britain Foreign Office, January 1866, p.9

＊2 Andrew Cobbing「Lord John Russell, 1792–1878」, Anthony Best, Hugh Cortazzi ed.『British Foreign Secretaries and Japan, 1850-1990 Aspects of the Evolution of British Foreign Policy』Amsterdam University Press, 2018

またレジナルド・ラッセルは、1861年から外交官として日本語を習うために約2年間の日本駐在経験がある。

次に、その兵法を記録した覚書「Memorandum」から抄訳する。はたして、長州藩主は何を勝ち取るために、何の戦争で負けを演じたのか？

レジナルド・ラッセル「Memorandum」

〈当方の殿は、❶ヨーロッパ人たちの侵略という暴力的な便法《べんぽう》によって、この目標を達成することを望んでいます。なぜなら、まともな考えの日本人すべてが憎むようになった❷将軍の「不正な政府」の転覆を引き起こすことを望んでいるからです。それから、❸国の平和と秩序を回復することを望んでいます。外国人の追放によってではなく、長い間将軍が帝《みかど》から奪ってきた❹権力を正当な皇帝である帝《みかど》に戻すことによって。

長州藩士たちが言うには、彼らの殿様は、多くの有力大名も、実際に大部分の国民も、❺将軍を西側列強と反目させることで、次のような展開になることを望んでいるという。

まず第一に長州藩士たちは、❻将軍を弱体化させ、❼日本人が正当な君主に権力を戻すことができるようにする。第二に、外国人たちの目から鱗《うろこ》が落ちる。❽外国人たちは、将軍との条約に、法的拘束力や何かしらの得などないことを知る。なぜならその条約は、真の皇帝から裁可も承認もされておらず、そのため国中の国民感情においても認められていないからだ。

その後で、❾外国の列強は、直接日本人たちの皇帝である帝《みかど》と条約を結ぶ。その条約は、日本のすべての人々から認められ尊重されて当然である。したがってその条約は、❿外国との交流や貿易の利益を、すべての階級と派閥に拡大する。そうなることを長州藩士たちの殿様は望んでいる。現在は、将軍の「不正な政府」がそうした利益のすべてを奪っているそうだ――長州藩士たちが言うところによれば――もし日本人たちの皇帝が外国人たちについてもっと知っていれば、つまり⓫外国人たちが自ら京都の帝に話しかけたならば、⓬皇帝は、容易《たやす》く外国人たちと条約を結ぶよう誘導されるだろうと。その時、長門（長州）の男たちや日本人のすべてが、その条約を尊重するはずだと。——さらにですよ、長州藩士たちが言うには、「帝《みかど》との条約の利益は、外国人たちにとっても日本人にとっても、平等で素晴らしいでしょう。帝との条約によって利益を得られれば、⓭あなた方も生活も財産も安泰で暮らすことができるからです。もはや私たちの間で⓮内乱が起きるはずがありません。ところが今は、すべての階級の日本人があなた方との交流と商売の利益を平等に分け合おうとしたところで、その儲けは、幕府の役人のポケットに入っていくのです」と〉（Reginald Russell「Memorandum」TNA, FO 46/49. 1 July 1864. の一部を、Takaaki Inuzuka (Author), Haruko Laurie (Translator)「Alexander Williamson: A Victorian Chemist and the Making of Modern Japan」UCL Press, 2021から孫引きして和訳した／傍線と丸囲みの数字は筆者による）

この和訳について補足しておきたい。この抄訳の中の「❶ヨーロッパ人たちの侵略という暴力的な便法」は、引用した英語資料の中の「the desperate expedient of aggression of [sic: against] Europeans」の拙訳である。

この引用した英語資料には、「sic」の前の言葉を、コロン「：」に続く言葉に読み替えるべきという指示の［sic: ～］が、レジナルド・ラッセルがタイプした原文に加筆されている。つまり、「of aggression of」の2番目の「of」が打ち間違いと解釈され、「against」（に対する）と読み替えるべきという指示が加筆されているのである。その指示通り和訳すると、拙訳とは異なり「①ヨーロッパ人に対する攻撃の命知らずの便法」となる。しかし拙訳❶は、原文のママを尊重した。

実は、1864年7月1日付の公文書として、原文を尊重した拙訳の❶でも、原文に加筆された指示に従う和訳①′でも、歴史との整合性はとれる——「①′ヨーロッパ人に対する攻撃という命がけの便法」という表現は、前年の1863年6月に長州藩が下関海峡（馬関《ばかん》海峡または関門海峡）を通行する仏・蘭・米の船を砲撃したことと合致する。

また「❶ヨーロッパ人たちの侵略という暴力的な便法」は、2ヶ月後の1864年9月に英・米・仏・蘭が長州に上陸することになる列強国の軍事行動と整合性がとれる。つまり、❶と①′両方の和訳は、いずれも実際の歴史と合致するのである。

そこで本書では、原文のママを和訳することにしたわけである。

この覚書「Memorandum」から、毛利敬親《たかちか》にとって倒幕は、プロセスの一つであってゴールではないことがわかる。彼のゴールは、徳川将軍だけに外国貿易の利益を集中させず、他の藩にも平等に貿易の機会を与えることだった。そのために、倒幕して権力を将軍から天皇に移す必要があったようだ。

そうすれば、西側にとって、貿易相手となる日本人顧客の数が拡大する上に、日本国内の秩序と平和が回復するため、英国人も日本で安泰に暮らせるという利点があることも、長州の密使は説明している。

長州の兵法はどのように実践されたか

さて英国外務省に伝えられた長州の兵法「負けるが勝ち」は、どのように実践されたのだろうか。

すでに、兵法のシナリオと思しき部分に傍線を引き、丸囲みの番号を付けておいた。それらの兵法のシナリオを、歴史に照らして評価するために歴史年表の中に配置してみることにする。

ただその前に、少しだけ、重要な留意点を3つ確認しておきたい。

一点目は、この兵法と深い関わりを持つ安政の五カ国条約が、1859年から1860年の間にすべて発効し、箱館《はこだて》・神奈川・下田・長崎が開港したことで、下関海峡（関門海峡：馬関海峡）が国際的な海上交通の要衝になっていたことである。なお、安政の五カ国条約は、将軍・徳川家茂（満13歳～14歳）の署名「源家茂」と印章「経文緯武《けいぶんいぶ》」を押した批准書の交換によって、発効したことも付記しておく。

二点目は、その五カ国条約に含まれる兵庫開港と大坂開市に対して、京都御所の朝廷が猛反発していたことである。

三点目は、その五カ国のうち、一番最初に批准書が交換されたのは1859年7月11日の日英修好通商講和条約であり、それと同時に英国女王が日本の大君（将軍）の領土において権力と管轄権を有することになったという、他の列強四カ国（米・仏・蘭・露）にはない英国の立ち位置である。

次の**黒ベタ白抜き**のフレーズは、覚書「Memorandum」の抄訳に傍線を引いた部分とその番号である。また★印は、長州五傑に関する事項である。

❽外国人たちは、将軍との条約に、法的拘束力や何かしらの得などないことを知る

1863年6月26日、下関事件勃発：長州藩が米国の商船を砲撃
7月8日、下関事件：長州藩がフランスの軍艦を砲撃
7月11日、下関事件：長州藩がオランダの軍艦を砲撃
7月20日、下関事件：フランスの軍艦が長州藩の壇ノ浦の砲台を砲撃して上陸し、砲を破壊し、民家を焼き払った。

ここで述べた出来事から、外国人たちは、将軍と交わした安政の五カ国条約に、日本人に対する法的拘束力や、外国人たちにとっての何かしらの得などないことを思い知ったであろうことが察せられる。

★1863年6月27日、長州藩の密使5名（長州五傑）が英国の商船で横浜港を出発し関門海峡を通過したはずだが、長州藩はこの英国商船を砲撃せず
★1863年11月、長州藩の密使5名がロンドンに到着

★1864年4月下旬、長州藩の密使2名（井上と伊藤）が英国を出国し帰路に就く

★1864年6月下旬、長州藩の密使3名（山尾、野村、遠藤）が英国外務省職員に長州藩主の兵法を伝える

★1864年7月1日付の英国外務省の覚書「Memorandum」

★1864年7月13日、長州藩の密航者2名（井上と伊藤）が横浜港に到着し、駐日英国全権公使ラザフォード・オールコックと面会

⑤将軍を西側列強と反目させる

1864年7月22日、英・仏・蘭・米が20日以内に下関海峡封鎖が解かれなければ武力行使を実行する旨を幕府に通達

同年8月23日、横浜鎖港《さこう》談判使節団が関門海峡自由航行の保障を含む、署名済みの「パリ約定」を持って帰国

同年8月25日、幕府は「パリ約定」の破棄を英仏蘭米に宣言

ここで述べた出来事から、実際に、将軍が西側列強と反目する関係に追い込まれたことがわかる。

❶ヨーロッパ人たちの侵略という暴力的な便法

1864年9月5日〜7日、下関事件：英国王立海軍中将を総司令官とする英・仏・蘭・米連合艦隊（英：9隻、仏：3隻、蘭：4隻、米：1隻、兵力5000名）が、長州藩の砲台群を砲撃し、上陸して砲を破壊し、内陸に進軍して長州藩士と交戦した。

このようにしてアメリカ人とヨーロッパ人たちは侵略という暴力的な便法を使ったわけである。

❻将軍を弱体化させ

1864年10月22日、英・仏・蘭・米との条約「下関事件取極書《とりきめ》」に調印：将軍・家茂（満18歳）は、長州藩が外国船を破壊し、貿易を阻止した下関事件の講和として、英・仏・蘭・米に、賠償金300万メキシコドルを分割して支払うことを認めた。当時の300万メキシコドルとは、その年の幕府の財政支出額の約16％に相当する（詳しくは『もう一人の「明治天皇」箕作奎吾』p.182）。

このようにして将軍・家茂に多額の債務を負わせ、将軍を弱体化させていった。

⓫外国人たちが自ら京都の帝に話しかけ

1865年11月4日、兵庫開港要求事件：英・米・仏・蘭公使等が戦艦9隻（英国5隻、フランス3隻、オランダ1隻）を引き連れて大坂湾に停泊し、京都御所の天子（孝明天皇）に各国の修好通商条約に明記された兵庫開港を迫った。

このように、京都の帝（孝明天皇）に対して、戦艦の威圧をもって脅迫した。

⑫皇帝は、容易く外国人たちと条約を結ぶよう誘導される

1865年11月22日、孝明天皇が既存の、安政の英・米・蘭・仏との条約を勅許‥ただし孝明天皇は「兵庫ノ開港ヲ停ム」と宸裁《しんさい》を下しており、条約批准後にそのように速やかに改正されるものと信じた上での勅許だった。

1866年2月6日、帝《みかど》による条約勅許の報告を受けた英国女王は、条約が帝によって批准されたとスピーチ‥その内容は次の通り、同月9日の英国官報に報じられた。

〈日本において長い間未解決だった交渉、つまり駐日英国公使が日本駐在の同盟国の代表者たちと協力して素晴らしい手腕で誘導した交渉は、私の惜しみない賞賛に値する結論に至りました。既存の条約は、帝によって批准されたのです〉（『London Gazette』1866年2月9日発行、発行番号23068、頁番号753／『特攻兵器「原爆」』2021年、ヒカルランド、pp. 27－28から再掲）

このようにして京都の「皇帝」、孝明天皇は、容易に外国人たちと条約を許可するよう誘導され

た。

❷将軍の「不正な政府」の転覆を引き起こす

1866年、英字新聞『ジャパンタイムズ』に、「大君は身分を偽る僭偽《せんぎ》者だ。大君と結んだ条約は廃し、新たな条約を、帝の意思と一致する諸侯と結ぶべき」ということが記された匿名記事を、駐日英国公使館の通訳官アーネスト・メイソン・サトウが、3回に渡って寄稿した。

1866年7月18日、第二次長州征伐が始まった。幕府の長州征伐を迎え撃つ長州側は、ライフル銃を装備した兵士1万6000人を揃えて迎撃すると、幕府軍は、同年8月29日の将軍・家茂の崩御（享年満20歳）と共に士気が下がり退散した。なお、その膨大な数のライフル銃を調達できた軍事資金の出どころは、英・米・仏・蘭の四カ国が下関事件取極書に従って幕府から受け取った賠償金であった可能性が非常に高いことが、内外の史料や資料を照らし合わせることでわかっている（詳しくは『もう一人の「明治天皇」箕作奎吾』pp.182–189）。

このようにして将軍の「不正な政府」（幕府）は転覆の一途をたどることになるのである。

❹権力を正当な皇帝である帝に戻す

❼日本人が正当な君主に権力を戻すことができるようにする

1867年11月9日、大政奉還：第15代将軍・徳川慶喜は、満15歳の天皇・睦仁に直接会うことなく、政権返上を奏聞という形の文書で朝廷に提出した。

1868年1月3日、王政復古の大号令：宮家と堂上家《とうしょうけ》に対する発行人不明の「諭告」により、将軍職、摂関、徳川幕府が廃絶した。

このようにして、かつては英語で「Emperor」（皇帝）や「Tycoon」（大君）と呼ばれた徳川将軍の権力は、新たな君主として「Emperor」（皇帝）と呼ばれるに至った帝に移されることになった。

❾外国の列強は、直接日本人たちの皇帝である帝と条約を結ぶ

1868年2月8日、将軍が締結した発効済みの条約の文中の将軍の名を天皇の名に読み替えるようにと、天皇・睦仁の代理としての勅使が、各国の公使たちに告げた。

このようにして外国の列強は、直接帝と安政の五カ国条約を結んだことになった。

❸国の平和と秩序を回復する

⓭あなた方も生活も財産も安泰で暮らすことができる

⓮内乱が起きるはずがありません

1868年1月27日〜1869年6月27日、戊辰戦争：主に薩摩・長州・土佐から成る官軍が、京都から北海道まで北上して、幕府の廃止に異を唱える各藩と次々に交戦し、官軍が勝利を収めた。

1871〜1877年、新政反対一揆：主に西日本各地で、民衆が新政に反対して一揆を起こしたが、警察と官軍で鎮圧した。

1877年1月29日〜9月24日、西南戦争：西郷隆盛を盟主として九州内に広がった士族の反乱を、官軍が鎮圧した。

長州藩主の計画に反して、明治初頭に日本全地域に渡る大規模な内乱が激化したが、結果的には官軍の圧倒的な武力によって鎮圧に成功した。

⑩外国との交流や貿易の利益を、すべての階級と派閥に拡大する

明治初頭、〈銅、石炭および金銀の鉱物資源は、明治初頭より絹糸に次いで第2位の輸出品目であり、主要な外貨獲得資源であった〉（沼田眞監修、佐島群巳編『環境問題と環境教育　地球化時代の環境教育1』株式会社国土社、1992年、p. 31）

明治6年・1873年7月20日、日本初の鉱業法「日本坑法」布告（太政官）：日本で発見された有益な鉱物すべてが日本政府の所有とされた。

〈第一章　坑物

第二　前ニ掲記《けいき》セシ物類凡《およそ》日本國中ニ於テ発見スル者《もの》ハ都《すべ》テ日本政府ノ所有ニシテ獨《ただ》政府ノミコレヲ採用スル分義アリ〉（「法令全書　明治6年」内閣官報局、明20〜45年、pp. 384－385）https://dl.ndl.go.jp/info:ndljp/pid/787953/267

鉱物は明治初頭の輸出品目第二位を占めながら、日本で発見された有益な鉱物すべてが日本政府の所有とされたことで、外国との交流や貿易の利益を、すべての階級と派閥に拡大するという平等な世界は実現しなかった。

実践された長州の兵法のシナリオ「負けるが勝ち」

1863年の下関事件は、米・仏・蘭の外国人たちに対して、将軍と結んだ条約が日本国内に対して拘束力を持たないことを実証する事件であったと言えそうだ。つまり、米・英・仏・蘭・露との間で修好や通商を約束した条約（安政五カ国条約）を締結したのに、長州藩は米・仏・蘭の商船や軍艦を砲撃したからである。

ただし、長州は下関海峡を通過する英国の船は砲撃していない。このことから、長州の兵法「負けるが勝ち」は、下関事件から始まっていたことがわかる。ではどういう兵法なのか、説明しよう。

1864年、長州五傑のうちの2名が帰国して駐日英国全権公使に会ってから9日後、英・米・仏・蘭が、1863年の下関事件に見られたような下関海峡封鎖を解かなければ武力行使すると、幕府を脅した。

さらに、英国外務省の上層部に覚書「Memorandum」をもって報告された長州の兵法は、当時の郵便で約2ヶ月あれば、駐日英国公使館に届くことになる。そして実際、その覚書の日付の約2ヶ月後に、長州から砲撃を受けたわけでもない英国が、英・米・仏・蘭の艦隊を率いて長州の砲台群を総攻撃して上陸までするのである。この下関事件の後半は、まさに、長州藩主が考案した通りの、ヨーロッパ人たちの侵略という、暴力的な便法であったように見える。

つまり、長州から砲撃を受けていない英国が、英・米・仏・蘭の艦隊を率いて長州の砲台群を総攻撃し、上陸して侵略したかのように見えたその裏で、長州が英国に侵略するよう依頼していたということである。もちろん長州としては長州が被害を受けることを承知でそのような提案をするというのは断腸の思いだったろう。これこそが長州の兵法のシナリオ、「負けるが勝ち」の前段、「負け」の部分である。

しかし、その後で権力を将軍から帝に移すことで日本の誰もが貿易の機会を得ることをゴールにしただけでなく、長州出身者たちが日本を運営する側に立つことを目論んだ苦渋の選択であったに違いないことが、明治以降の歴史からうかがえる。これこそが長州の兵法のシナリオ、「負けるが勝ち」だろう。

それでは、長州が無惨に負けた後、兵法「負けるが勝ち」は、どのように「勝ち」へと方向転換していったのか、続きを見ていこう。

まず、列強の英・米・仏・蘭は、一連の下関事件で日本人に強さを見せつけただけにとどまらず、法外な賠償金を長州ではなく幕府に請求してきた。その賠償金300万メキシコドルとは、その年の幕府の財政支出額の約16％に相当する。

しかも幕府が分割して支払っていたその賠償金は、それを受け取っていた英・米・仏・蘭の四カ国を経由して薩摩藩主名義で調達されたライフル銃に替わり、長州に送られたと考えられるのである（詳しくは『もう一人の「明治天皇」箕作奎吾』pp.182－189）。そうなると、英・米・仏・蘭による賠償金請求は、将軍を弱体化させる長州の兵法に呼応したと言えるだろう。

1865年、英・米・仏・蘭の公使等は戦艦9隻を引き連れて大坂湾に停泊し、京都の天皇にメッセージを送った。安政五カ国条約を勅許するようにという、言わば脅迫だ。すると、長州の兵法のシナリオ通り、その18日後に帝は勅許を下した。

1866年、駐日英国公使館の通訳官が、大君は身分を偽る僭偽者だと外国人たちに知らせた。つまり将軍の幕府は「不正な政府」だということを英字新聞に寄稿したのである。駐日英国公使館員がやったということは、これも長州の兵法への協力だろう。

一方、幕府は第二次長州征伐に繰り出すも、長州藩は1万6000挺《ちょう》のライフル銃と兵士で撃退することに成功する。それが将軍による「不正な政府」を転覆させる引き金になった。

1867年、将軍の権力は雪崩《なだれ》のように崩れ落ちて大政奉還に至る。

さらに1868年、駄目押しをするかのように、王政復古の大号令へと続く。こうして権力は、長州の兵法のシナリオ「負けるが勝ち」の通りに帝へと移った。

続いて帝の勅使は、これまでに結んだ安政五カ国条約の大君の名を天皇に読み替えるようにと、各国の公使たちに告げた。それと同時に、外国の列強は、長州の兵法のシナリオ通りに、帝と直接条約を結ぶことになった。

しかし、これ以降は、長州の兵法のシナリオ「負けるが勝ち」は美しい大義を失った。

大政奉還に王政復古の大号令と続いた後、10年間は日本人同士で殺し合うひどい内乱が日本中で勃発した。しかし、そのすべてを新政府が武力行使によって鎮圧したことで、恐怖政治が身に染みたのか、それ以降、内乱は鎮まった。

また、貿易による利益は徳川家以外の人々にも拡大したが、輸出品目の第二位を占める鉱物については、明治天皇と薩長土肥出身者が牛耳る政府のものとされた。ただし、この鉱業権の行方には大きな疑念が生じる。

なぜなら、帝の領土で権力と管轄権を有していたのが英国のヴィクトリア女王だからである。明治天皇の領土で採掘された有益な鉱物の鉱業権を、ヴィクトリア女王が所有することができるのである。

そして仮にその鉱業権をヴィクトリア女王が所有したならば、その後もその鉱業権は王位を継承した英国君主に相続された可能性がある。つまり英国君主は日本産の鉱物に関わる鉱業権使用料収入を得ていた、あるいは今も得ている可能性がある。

仮にそれが事実であるならば、日中戦争や第二次世界大戦中に日本軍が侵攻して鉱山開発したその鉱業権も、英国君主が所有していることになる。

かくして下関海峡で欧米列強を砲撃し、彼らに報復する理由を与え、侵攻を許した長州藩は、欧米列強から、予定通り、侵略行為を受けて派手に負けた。そして結果的に、明治政府という新政権を勝ち取った。これが、長州藩主の兵法に見る「負けるが勝ち」である。

長州藩は、英国の参加協力を得て、兵法の筋書き通りに負けを演じることで、望んだ結果を勝ち取ったのである。

そして明治維新で使われたこの兵法「負けるが勝ち」は、現代人の想像が及ばないステルス兵法になった。この兵法を本書以外で解析したものがない以上、明治維新でも、第二次世界大戦でも、未だステルス効果が持続していることになるのだろう。

兵法「負けるが勝ち」は、持続可能なステルス兵法でもあると言えそうだ。

兵法と戦争の関係はどうなっているのか

先の項では、未だ日本人に知らされることのない、昭和天皇が第二次世界大戦で使った兵法「負けるが勝ち」と、長州藩主が倒幕で使った兵法「負けるが勝ち」を解析した。しかしなぜ、民間人の私たちは、実践されたこの兵法を知らなかったのか。兵法と戦争は、いったいどんな関係にあるのかを、考える必要がありそうだ。

まず、民間人である私たちが、戦争とはどんなものかと問われて想像できることは、何だろう。報道やSNSを通して知らされる外地の戦況、内地の被災状況、家族の安否、そしてどちらの国が悪で、どちらの国が優勢か、などの情報だろうか。

民間人の私たちが想像する戦争は、戦争を構造的に捉えた時に、実は、下の方に大きく広がる戦争の影響や、広報された情報などの受動的な部分に限られるのかもしれない。

一方、武官が考える戦争の能動的な部分が兵法であることは言うまでもない。では、その兵法は、戦争の構造の中のどこに位置するのかと考えると、それは、間違いなく、最上部だろう。

今さらのようだが、「兵法」とは何か、ここで改めてはっきりとした定義を確認しておきたい。

「三十六計、逃げるにしかず」ということわざをご存じだろう。この「三十六計」とは〈中国古代の兵法にある36種の計略〉(『大辞泉』小学館)のことである。

また、「計略」とは、〈はかりごと。計画。工夫。また、人をだまそうと考えをめぐらすこと。もくろみ。策略。謀略〉(『精選版 日本国語大辞典』小学館)をいう。

つまり「兵法」とは、戦争の「謀《はかりごと》、計画、工夫、人をだまそうと考えをめぐらすこと、目論み、策略、謀略」ということになる。

さて、はたして実際に戦争で勝った米国の政府や負けた日本政府は、戦前・戦中に人をだました内容を暴露しただろうか。暴露をしたという話は聞いたことがないように思う。

つまり、いずれの政府もだました内容を暴露しないため、その戦争で使われた兵法のステルス効果は戦後も持続しているということになる。したがって民間人の私たちは、戦争を振り返る時、誰がどうだまされたのかを調査して考察しない限り、戦争の本当の構造は見えてこないことになる。

兵法「負けるが勝ち」は何から学んだ戦術か？

それにしても、長州藩の兵法「負けるが勝ち」は、何から学んだ戦術だろう。

下関事件で欧米列強に大負けしたように見えて実は英国と共謀し、幕府が欧米列強に支払った賠償金で1万6000梃のライフル銃を手に入れ、幕府の第二次長州征伐に勝った。その後も官軍となって勝ち進み、今日に至る。

長州は現在の山口県の西部だが、山口県出身の首相はなんと8人もいる。初代首相の伊藤博文に始まり、山縣有朋《やまがたありとも》、桂太郎、寺内正毅《まさたけ》、田中義一、岸信介、佐藤栄作、安倍晋三が、山口県出身で首相にまで上り詰めた人物である。

「長州出身者が日本を支配している」とまでは言えないとしても、「長州出身者が政治の世界で大きな影響力を持っている」とは言ってもいいだろう。

長州は、負けを演じることで敵から武器の調達資金を奪い取り、その調達した武器で勝つ。気になるのは、その「負けるが勝ち」の兵法を、どこから学んだのか、だ。

実は、似たような兵法が、江戸時代の大衆を惹きつけた読本に説明されていた。諸葛孔明の痛快な兵法、「草船借箭《そうせんしやくせん》」である。

その兵法は、明初の『三国志演義』（羅貫中《らかんちゆう》著）にある。日本では、江戸中期の湖南文山訳『通俗三国志』や、その和訳に葛飾戴斗《たいと》（葛飾北斎の弟子）が浮世絵を付けた江戸後期の『絵本通俗三国志』（池田東籬亭編）などに説明されている。

例えば、『絵本通俗三国志』第三編第十巻「孔明計伏周瑜《こうめいはかってしゆうゆをふくす》」の段には、その「草船」に刺さった無数の箭《や》（矢）が、挿画の浮世絵に描かれている*。

*葛飾戴斗・画図、池田東籬亭・校正『絵本通俗三国志』心斎橋博労町の群玉堂、1836～1841、早稲田大学図書館蔵

その段のストーリーはこうだ。まず、劉備《りゆうび》（後の蜀漢《しよくかん》の初代皇帝）の軍師・孔明が、3日で10万本の矢を用意しなければ斬首されるという約束を、孫権《そんけん》（後の呉の初代皇帝）の武将・周瑜《しゆうゆ》にさせられたことに始まる。孔明はその約束を履行するために、霧深い闇夜の中、雨あられと降り注ぐ敵の矢を、藁を積んだの20艘の船で受け止めて退散した。孔明は、一夜にして、十万本以上の新品の箭《や》（矢）を調達することに成功したのである。

一方敵方は、対岸に陣を取っていた曹操（魏方面の武将）の軍。霧に覆われた水面を、ぼんやりした灯りと太鼓の音だけが迫り来る。曹操は1万の射手に、見えない孫権の軍に向けて弓を引かせ

たのだ。

孔明の兵法「草船借箭」の説明は、江戸時代の『通俗三国志』や『絵本通俗三国志』においても、明初〜清代に刊行された『三国志演義』においても、敵方には負けて退散したように見せて十万本以上の箭《や》（矢）を敵方から調達し、後の勝利につなげたという痛快なストーリーになっている。

長州藩が使った兵法の「負けを演じることで敵から武器の調達資金を奪い取り、その調達した武器で勝つ」は、孔明の兵法「草船借箭」のコンセプトに限りなく近かったことがわかる。

ただし、『三国志演義』は、3世紀末に成立した歴史書『三国志』（陳寿著）に宋の文帝の命で裴《はい》松之《しょうし》が注を付した『三国志』に基づく小説であり、史実七割、虚構三割と言われている。例えば、孔明の兵法「草船借箭」も、孫権（孫子の末裔）の兵法「箭均船平」（船の片側に集中して矢を受けたら、反対側にも矢を受けるようにすれば左右の均衡を保つことができ、沈没しない）をもとにしたという見方が主流なのである。

まさか、そんな通俗小説に長州藩の藩主が影響されたのだろうか。しかし、小学館『精選版日本国語大辞典』の「三国志演義」によれば、和訳された『通俗三国志』は、〈軍学書ともなり、江戸時代には湖南文山訳著の「通俗三国志」が多くの読者をもち、後代への影響は大きい〉とある。

なんと、江戸時代には、『通俗三国志』が軍学書としても読まれていたというのだ。

しかし、1863〜1864年の下関事件に始まった長州藩の兵法「負けるが勝ち」は、仮に、孔明の兵法「草船借箭」にヒントを得たにしても、それをまるまる模倣したわけではないことは、先に詳述した通りである。

長州藩の兵法の専門家には誰がいたのかというと、有名な若き山鹿《やまが》流兵学師範、吉田松陰（1830〜1859）があった。松蔭が主宰した私塾の松下村塾が明治維新の志士を多数輩出したことは周知のことだろう。

なお、山鹿流とは、山鹿素行《やまがそこう》（1622〜1685）を開祖とする兵学（兵法）の流派である。山鹿素行が註釈して解説した書に『孫子諺義《そんしげんぎ》』がある。その叙文の冒頭に、〈孫子は武經中第一の書にして和漢古今の兵法、此に本づかざるもの殆ど稀なり〉*とある。つまり、素行にとっても、松蔭にとっても、さらには松下村塾の塾生たちにとっても、武經『孫子』は兵法の基本であったことが推し測れる。

＊山鹿素行注・解『孫子諺義』素行会発行、明治45年1月、国立国会図書館デジタルコレクション https://dl.ndl.go.jp/pid/845279/1/1

そしてさらに、山鹿素行の兵学思想についての研究によれば、〈素行は「詭」を奇、権、変と解釈し、「詭道《きどう》」を合戦する際に敵が予想できない勝利を制する手段としており〉*という。

＊張捷「山鹿素行の『孫子諺義』について」『Research Journal of Graduate Students of Letters No.12』2012年12月26日、pp.267-287、北海道大学学術成果コレクション

このことから、松下村塾の塾生たちは、敵が予想できない勝利を制する手段として、「詭道《きどう》」（人を欺くやり方）を教えられていた可能性が高そうだ。

また、長州藩の政務役筆頭・周布政之助《すふまさのすけ》（1823〜1864）が〈攘排也　排開也　攘夷而後国可開*1〉（攘は排《おしひらく》なり、排は開なり、攘夷而《しこう》して後国開くべし*2）という揮毫を残している。つまり「攘夷」とは、「攘」の意味である「押し開く」の「押し」が、当時の誰もが知っていた相撲において攻撃を意味するように、まずは外国人（夷）を攻撃し、その後で外国人（夷）に「開く」意味だと周布は説いている。これでようやく、長州藩は開国が目的なのになぜ欧米列強に対して武力による攘夷行動をとったのか、腑に落ちたような気がする。

このように長州は、まずはじめに攘夷として外国に武力攻撃を行うことで、異国と結託していることがわからないようにしながら、陰で「負けるが勝ち」の兵法を実行し、開国を目指したということなのだろう。

*1 一坂太郎「長州ファイブの志」『成形加工 第20巻第1号』2008年、pp.37−40
*2『維新史だより 第21号』山口県、2014年3月発行

周布は、長州藩が起こした攘夷行動の結果として英・仏・蘭・米が幕府に賠償金を請求した下関事件取極書に幕府が署名した1864年10月26日の4日後、長州の兵法における重要な成果を見届けるようなタイミングで自決している。その後、その賠償金が分割払いで英・仏・蘭・米の公使た

ちの手に渡る度に、薩摩藩主名義で購入した舶来のライフル銃が長州に届くのである。

周布政之助が自決した真相は、察するところ、長州の兵法において英国参加の証となる重要ポイントが幕府に対する賠償金請求であり、それを確認できたため、すでに負けを演じさせた長州側に多数の死傷者を出したのだろう、その責任をとったように思える。

長州藩の兵法「負けるが勝ち」は、人命や人権を尊ぶ現代社会の価値観では到底想像もつかないステルスな兵法である。それは、『通俗三国志』や『絵本通俗三国志』、山鹿素行の兵学思想の「詭《き》道《どう》」に影響を受けて組み立てられた、武家社会だったから許された兵法と言えるだろう。

日本の武士は兵法の達人として英国で尊敬された——英訳された孫子の兵法

明治維新で使われた兵法「負けるが勝ち」のステルス効果が持続している日本にあっても、その綻びが一つもないわけではない。その綻びというのは、明治維新後に日本にやってきた英国軍人が、日本人の役人や軍人に、兵法について根掘り葉掘り聞き出していた証拠が残っていることである。

これこそは、英国の軍部が、長州藩の鮮やかな計略に魅せられた証ではないのか。

その証拠とは、日本人の役人や軍人が英語や日本語で解説した兵法本の、英語翻訳本ができあって出版されたことである。

その兵法書とは、孫子の兵法とも称される孫武《そんぶ》著『孫子』（紀元前6～5世紀成立）である。孫子とは孫武の尊称であって本名ではない。孫武は、中国の春秋時代の斉の人であり、呉王の闔閭《こうりょ》に仕え、楚・晋を威圧し、呉を覇者に押し上げた功績を持つ将軍である。

つまり、明治の日本の役人や軍人が英国軍人に解説した兵法とは、中国古来の兵法書だったのである。しかも、清国を英国領とみなしていたはずの英国は、不思議なことに、中国人にその兵法の解説を求めなかった。

すでに1772年には、清国に駐在していたイエズス会のフランス人宣教師ジョゼフ＝マリー・アミオ（Joseph-Marie Amiot: 1718~1793）が、孫子の兵法をフランス語で抄訳し、『L'Art de la guerre』（戦術）と題してヨーロッパに紹介していたのに、である。

英国が中国人に孫子の兵法の解説を求めなかった理由は、おそらく、英国が戦火を交えた清国に、その兵法の戦果がなかったからではないだろうか。

それにしてもなぜ、日本人は孫子の兵法を解説できるほどに詳しかったのか。それは、すでに徳川幕府が江戸時代初頭より漢文で書かれた孫武著『孫子』を木版印刷で刊行していたからだろう。それに加えて、江戸時代が武士の統治する社会だったことから、兵法の研究が醸成されていったからだと思われる。

また、孫武著『孫子』は、その注釈書も清国と国内のものとを合わせて日本に複数存在していたようだ。例えば、長州藩兵学師範の吉田松陰（1830~1859）も、『孫子評注《ひょうちゅう》』を著している。

つまり、幕末の日本人は、世界一の兵法家集団として英国に評価されていたということになるのではないか。

漢文で書かれた孫武著『孫子』を日本人による英語や日本語の解説によって英訳した英国軍人とは、イギリス王立補助艦隊中佐エヴァラード・ファーガソン・カルスロップ（Everard Ferguson Calthrop: 1876~1915）である。彼は、日本語を習うための語学将校として1904~1908年に、また武官として1914~1915年に日本に駐在している*。

＊Sebastian Dobson「Lieutenant-Colonel Everard Ferguson Calthrop（1876–1915）」『Britain and Japan: Biographical Portraits, Vol. VIII』2013, pp.85-101

その英訳された孫武著『孫子』は、1905年に『孫子 Sonshi = The Chinese Military Classic/translated by CAPT. E. F. Calthrop R.F.A.』*という題名で東京で出版された。

＊Sunzi, Capt. E. F. Calthrop. R. F. A. translated（1905）『孫子 Sonshi =The Chinese military classics /translated by Capt. E.F. Calthrop, R.F.A.』Sanseido, Tokyo

英国から賞賛された武士の兵法

その後、漢文で書かれた孫武著『孫子』の英語版は、1910年に英国で、中国語を専門とする英国の国家公務員による英訳によって刊行される運びとなった。

その本は、『Sun Tzu on the Art of War（孫子の兵法）』と題されたもので、大英博物館館長補佐や同館東方図書写真部部長を務めた中国学学者ライオネル・ジャイルズ（Lionel Giles: 1875～1958）*が、中国語から英訳した質の高い翻訳本である。その本の冒頭には興味深い献辞が記されているので次に和訳する。

*韓一瑾「近代における言語接触と中国語造語法の研究」2013年9月20日、関西大学学術リポジトリ

〈愛を込めて、この翻訳を、私の兄、英国王立工兵隊大尉バレンタイン・ジャイルズ*に捧ぐ。2400年前の作品に、今日の軍人の考慮に値する教訓がまだあることを願って〉（Lionel Giles (1910)『Sun Tzu on the Art of War』Luzac & Co, Wikisource）

*「Lieutenant Colonel Valentine Giles」Imperial War Museums website

なんとしびれる献辞ではないだろうか。日本人が明治維新で使った兵法「負けるが勝ち」が、英国で賞賛され、それを学ぼうと言っているように聞こえる。

第2章のまとめ——「ノルマンディー上陸作戦記念式典」が教えてくれること

明治維新の勝ち組で構成された明治政府は、英国にとって、積極的にパートナーにしたい兵法家集団であったに違いない。なにしろステルスな兵法の使い手である。こんな兵法が近世までの欧米にあっただろうか。

やがて英米は、それぞれの野望を達成するために、このステルスな兵法「負けるが勝ち」を使ってみたくなったのだろう。英国領日本が主導するステルスな兵法「負けるが勝ち」を戦争の構造の最上部に据えて、世界を巻き込む大戦争を目論んだ。それが第二次世界大戦だったように見える。なぜなら、連合国にとって第二次世界大戦のゴールは原爆だったのだから。その証は、例えば、2014年6月6日フランス主催「ノルマンディー上陸作戦70周年記念式典」に見ることができる。

米国のオバマ大統領、ロシアのプーチン大統領、英国のエリザベス女王、ドイツのメルケル首相、フランスのオランド大統領、連合国の退役軍人等が臨席する野外の式典会場は、ノルマンディーの海岸に位置し、砂浜には巨大スクリーンが三台設置されている。そこに映し出される映像と大勢のパフォーマーたちがコラボする野外劇が展開していく。

そして最後、その劇の締めくくりは、ノルマンディー上陸作戦が導いたヨーロッパの終戦・戦勝（1945年5月8日）ではない。締めくくりは、パフォーマーが静止する中での映像である。

それは、トリニティ核実験での爆発の瞬間、お椀を伏せたような火球の映像に続いて、キノコ雲が長崎の上空に昇っていく映像だったのである[*1]。なお、トリニティ核実験とは、1945年9月26日付のニューヨークタイムズに初めて掲載されたトリニティ核実験の記事[*2]によれば、1945年7月16日に米国のニューメキシコで行われたと米国が主張するところの人類最初の核実験である。

＊1 Euronews「D-Day International Ceremony: Obama, Putin, Elizabeth II, Hollande in Normandy」YouTube, 6 Jun, 2014, https://www.youtube.com/watch?v=6yQ1BMa2IRI、2時間34分49秒から

＊2 William L. Laurence (Sep. 26, 1945)「Drama of the Atomic Bomb Found Climax in July 16 Test」New York Times website, https://www.nytimes.com/images/2003/09/09/obituaries/09261945teller.pdf

そのトリニティ核実験の爆発の映像に続いて、長崎でのキノコ雲の映像が映し出されると、場内に大きな拍手が沸き上がった。第二次世界大戦のクライマックスを、場内が認めた瞬間である。

その式典のキノコ雲のシーンについて、日本では、オバマ大統領も拍手をする中で、メルケル首相とプーチン大統領だけが拍手をせず、さらにプーチン大統領が胸で十字を切る映像が、TBSの報道を通して有名になった。さらにその映像が切り抜かれてYouTubeやニコニコ動画で拡散された。

ノルマンディー上陸作戦に関与した常任理事国、つまり核兵器国の米・英・露・仏の国家元首が揃ったノルマンディー上陸作戦70周年記念式典の野外劇の締めくくりは、原爆だった。なにか、す

ごく喉越しの悪さを感じずにはいられない。

戦争の構造の最上部に位置するのは、人をだまして計略を遂行する兵法である。では何をだましたのか。

第二次世界大戦で能動的な立場にあった地位を継承している人々が、兵法として、ゴールに計画した原爆トリックが成就したことを慶《よろこ》んでいるように見える。また、プーチン大統領とメルケル首相の原爆を愛でないリアクションから、旧ソ連が、今も続く原爆トリックの計略に参画していなかったことが浮き彫りになる。

第二次世界大戦の兵法で人をだました計略は、日本が英国領であること、その兵法が英・米・日の共同プロジェクトであること、日本が特攻する原爆を米国の武勇にすり替えること、日本がアジア各地に侵攻して鉱山開発する鉱業権を英国君主の所有にすることであったと考えられる。

第3章　中国に移住したユダヤ教徒が日本にやってきた

古代エルサレムで珍重された中国の絹織物

ユダヤ人は、いつ頃から東方にやってきたのだろうか（なお本書では、ユダヤ人をユダヤ教徒という意味で扱う）。

ユダヤ人と中国との関わりについては、ユダヤ教典に含まれる紀元前6世紀の預言者の名を題名にした書『イェヘズケール』（エゼキエル）に記載がある。当時の絹糸の原産国は中国であったが、『イェヘズケール』には、エルサレムでの絹織物の利用についての記述があるのである。その部分を、キリスト教日本語訳の旧約聖書『エゼキエル書』から引用する。

ユダヤ教預言者『イェヘズケール』

〈(前略)主なる神は、エルサレムに対してこう言われる。(中略)美しく織った服を着せ、上質の革靴を履かせ、亜麻布を頭にかぶらせ、絹の衣を掛けてやった。(中略)こうして、お前は金銀で身を飾り、亜麻布と絹とで美しく織った服を身に着けた。(以下略)〉(キリスト教『新共同訳 旧約聖書』エゼキエル書16章3節、10節、13節)

絹についての言及があることから、春秋時代の中国が絹織物を販売し、それがエルサレムで利用されていたことがわかる。

その後二千数百年の時を経て、１９０１年、唐の一部であったタクラマカン砂漠(現・新疆ウイグル自治区丹丹烏里克《ダンダンウィリク》)で、７１８年頃にヘブライ語で書かれたペルシア系ユダヤ人のビジネスレターと祈禱文が発見されている。発見者はハンガリー生まれで英国籍のユダヤ人、オーレル・スタイン(１８６２~１９４３)である。

ちなみに、彼がその地を探索した当時、その地域は１８８４年から清国甘粛新疆省に属していた。１８８４年がどんな年だったのかは、本書の第１章で詳述した通り、英国の「１８８４年枢密院勅令、チャイナ、ジャパン、コリア」によって清・朝鮮・日本が英国領とみなされた年である。

唐の外交官となったユダヤ人

ユダヤ人と中国との長きに渡る関わりについては、オーレル・スタイン発見のヘブライ語文書の画像を掲載している中華人民共和国国務院新聞弁公室のウェブページ「犹太人与丝绸之路[*1]」（ユダヤ人とシルクロード）に説明されている。その記事の筆者は、ユダヤ・イスラエル史、中東史を専門とする中国人歴史学者で鄭州大学副校長の張倩紅教授[*2]である。抄訳する。

＊1 張倩紅「犹太人与丝绸之路」中華人民共和国国務院新聞弁公室ウェブサイト、2015年10月28日更新 http://www.scio.gov.cn/ztk/wh/slxy/31210/Document/1453111/1453111.htm（2024年3月6日閲覧）

＊2「张倩红 郑州大学副校长」鄭州大学 web ページ http://www.zzu.edu.cn/info/1020/77557.htm（2024年3月6日閲覧）

〈紀元前3世紀、パルティア帝国（ササン朝ペルシアの前身）のユダヤ人はすでにシルクロードの要所である中央アジア南部のオアシス地域（マー・ワラー・アンナフル）に到達しており、張騫《ちょうけん》（前漢の軍人・外交官）の西域への使節が陸上交通路を開通したことで、パルティアのユダヤ人は大規模な絹貿易を始めた。この時期、ローマ帝国のユダヤ人は、絹製品を扱いながらも中国産の生糸をパルティアから購入し、現地の工場で紡織してプリントした上でまた販売した。ユダヤ人は、パレスチナ、シリア、中央アジア等に名高い絹加工センターを建てたことから、絹の小売業者というだけでなく、その加工業者でもあったことがわかる〉（張倩紅「犹太人与丝绸之路」中華人民共和国国務院新聞弁公室ウェブサイトより抄訳／カッコ（　）内は筆者による注釈。引用元に関しては左記も同様）

〈西暦224年、ササン朝ペルシアがパルティア政権にとって代わると、（中略）ユダヤ人は官職に就くことや自由に貿易に従事することが許可され、その後300余年に渡ってシルクロードで活躍し続け、かなりの資本を蓄積した。6世紀までにはすでに、中央アジアのユダヤ人は、重要な国際商人と成り、ソグド人と共に、中国、ササン朝ペルシア、ビザンチウム（現・イスタンブール）間の商業貿易を担った。ササン朝末期、ユダヤ人は、「メシア」運動が原因して統治者に敵視されて迫害に遭い、その商業活動もかなりの衝撃を受けた〉（同前）

〈7〜8世紀、ユダヤ人は幾度となく、ササン朝ペルシア（224〜651）、唐（618〜690、705〜907）、ビザンチウムおよびフランク王国（481〜843）とアッバース朝（750〜1258）の外交官の任を担い、政治交流の基盤を築いた〉（同前）

〈8世紀以降、ユーラシア大陸の国際情勢は変化し、ユダヤ人の貿易環境を急速に転換した。まず初めに、ムスリムが巨大な帝国（正統カリフ［632〜661］→ウマイヤ朝［661〜750］

↓アッバース朝［750～1258］を建国すると、ユダヤ人に対しては比較的開けた政策を実施していた。さらに、それ以前のことだが、東方の唐が東突厥と西突厥を打ち負かし、なんとか西域を管轄圏に編入してシルクロードの東部区間は開通していた。ムスリムが決起して以降、イスラム世界とキリスト教世界が長期的対立に入ると、両地の商人は互いの領地に入ることさえ困難になるが、ユダヤ人は、むしろ宗教的に中立な立場だったことと言語の強みから、截然たる違いのある二つの文化の地域を自由に出入りすることができ、すぐに双方の貿易の仲介者となった〉（同前）

以上数ヶ所に渡り抄訳した文面からわかることの要点を述べると、一つは、唐がユダヤ人に外交官の任を担わせていたこと、もう一つは、ユダヤ人が中国と西域とを結ぶ貿易商人として大きなウエイトを占めていたことである。

また、この中華人民共和国国務院新聞弁公室「犹太人与丝绸之路」というウェブページによると、シルクロードの主なルートには、フランク（5～9世紀に西ヨーロッパを支配したゲルマン系の王国）、またはスペイン、またはビザンチウムから出発して中国に至る陸路と海路の4通りあり、そのうち3通りはインド経由で海路で中国に至ったという。

※備考：シルクロード4ルート

①フランク、地中海、エジプト、紅海、ヒジャズ、ジェッダ、シンド、インド、中国

②フランク、地中海、アンティオキア港、陸路ユーフラテス川、バグダッド、シンド、インド、中国
③スペインまたはフランク、モロッコ、チュニジア、ダマスカス、バグダッド、バスラ、シンド、インド、中国
④ビザンチウム、スラブ、ハザール・ハン国の首都イティル、カスピ海、バルフ、アムダリヤ川、河川地帯、中国

なお次に、唐がユダヤ人に外交官の任を担わせていた経緯に当たる可能性のある歴史を補足しておく。ユダヤ人を官吏にも登用していたササン朝ペルシアの滅亡後に、唐がペルシアからの亡命者を保護し、その人材資源を活用した歴史のことである。

ササン朝ペルシア最後の国王ヤズデギルド3世（在位632〜651）は、ムスリム軍の侵攻を受けると、唐の第二代皇帝太宗に援軍を要請するも断られ、651年に暗殺されてササン朝が滅亡してしまう。その後、674年に唐の第三代皇帝高宗は天皇を自称するようになると、翌675年にヤズデギルド3世の王子ペーローズ3世（636〜679）を洛陽に迎え、十六衛大将軍の一つである右威衛将軍に任命している。さらに唐の天皇は、洛陽に修善坊や立徳坊などのペルシア人コミュニティを区画して対処している。

日本の役人になった李密翳《りみつえい》はユダヤ教徒だったか

651年にササン朝ペルシアがイスラム勢力に滅ぼされると、イスラム商人が海路で唐の広州、泉州、杭州、揚州、長安に定住していった。なお、その頃の唐に移り住んだペルシア人には、イス

ラム教徒（ムスリム）の他に、ユダヤ教徒やゾロアスター教徒もいた。

奈良時代の日本にも、736年に唐からペルシア人が来日し、官吏の職と地位を与えられたことが、日本の勅撰史書に記されている。ただしその人物が、何教徒であったのかは不明とされている。そこで、その人物がどの宗教の信者であったのか、検証してみようと思う。

まずその記録を『続日本紀』（797年成立）巻第十二から引用して現代語に訳してみる。

原文より引用

〈八月庚午。入唐副使従五位上中臣朝臣名代等。率唐人三人波斯人一人拝朝。（中略）十一月戊寅。天皇臨朝。（中略）波斯人李密翳等授位有差〉（維基文庫「續日本紀 巻第十二」）

現代語訳

〈天平8年8月23日／西暦736年10月2日、入唐副使従五位上の中臣朝臣名代らが、唐人三名、ペルシア人一名を率いて、聖武天皇に拝謁した。（中略）天平8年11月3日／西暦736年12月9日、聖武天皇は臨朝し、（中略）ペルシア人の李密翳《りみつえい》等にそれぞれの位を授けた〉

この記述から、聖武天皇が、736年に唐からやってきたペルシア人・李密翳に対して、日本の官吏（国家公務員）としての階位を授けたことがわかる。

次に、この人物の宗教は何だったかを検証してみる。

唐土にいたユダヤ教徒とイスラム教徒、ゾロアスター教徒に与えられた漢字の姓は次の通りである。

ユダヤ教徒の姓：李、白、穆、張、金、周、艾、趙、石、高、廖、俺、黄、聶、左[*1]

イスラム教徒の姓：李、白、穆、張、金、周、王、劉、楊、崔、曹、回、哈、海、虎、喇、賽、黑、納、鮮、亞、衣、脫、妥、以、玉、買、剪、拜、改、沐、朵、仉、把、可、薩、喜、定、敏、者、撒、忽、灑、靠、羽、擺、馬、麻、滿、藍、洪、丁、古、宛[*2]

ゾロアスター教徒の姓：例えば唐に亡命したササン朝ペルシアの最後の王子・ペーローズ3世が「卑路斯」、その息子・ナルシエフが「泥涅师」と、ペルシア語の音写で綴られたことがわかる。

＊1「[清明上河圖] 有沒有猶太人？」『基督教週報 第2396期』2010年7月25日発行、香港華人基督教聯會ウェブサイト http://www.christianweekly.net/2010/ta21224.htm

＊2「回族人的姓名與經名」『伊斯蘭之光』2018年3月25日、中華回教博愛社ウェブサイト https://www.islam.org.hk/e19/e/action/ShowInfo.php?classid=32&id=8607

このように、これら三宗教の信徒の漢字の姓を見ると、唐から来日したペルシア人・李密翳の「李」は、ユダヤ教徒か、あるいはイスラム教徒であった可能性が高い。

そこで、まずは、イスラム教徒が聖武天皇に謁見したと仮定して、その場面をシミュレーションしてみよう。

イスラム教徒は、アッラーの神以外に跪《ひざまず》いてひれ伏し崇拝する対象を持つことは許されないことが知られている。一方、当時の漢字文化圏には、崇拝や服従の表現として、皇帝、君主、領主、親に跪いてひれ伏す習慣があった。つまり、ペルシア人・李密翳がイスラム教徒であったとしたら、彼は聖武天皇の前で、跪いてひれ伏さないのである。

どうだろうか、跪いてひれ伏さない、服従を示さない外国人に対して、聖武天皇は官吏の階位を授けただろうか。そうしたとは非常に考えづらい。

したがって、ペルシア人・李密翳は、ユダヤ教徒であった可能性が高いと言えそうだ。

日本の役人・破斯清道はユダヤ教徒だったか

奈良時代の木簡に「破斯清道《はしのきよみち》」の名が見えることは、独立行政法人国立文化財機構 奈良文化財研究所の研究成果としてよく知られている。木簡に記されたその名は、天平神護元年（765）の、読み取れない某月の24日に、宿直を担当した式部省大学寮の員外大属《だいぞく》（特任の担当者）の官吏の外国人の名だと考えられている。しかも、波斯人（ペルシア人）ではないかという説が有力のようだ。

それは、唐から来日した破斯清道の「破」と、波斯（ペルシア）の「波」は両方とも漢字のつくりは皮であり、日本語の発音がいずれも「ハ」であることが理由のようだ。

しかし、彼が唐から来日したことを考慮して、漢字の中古音に区分される唐代の発音を見ると、「破」は漢字中古音 phaH、「波」は漢字中古音 pua であることから、破斯を波斯（ペルシア）の意味として解釈することには筆者としては抵抗を感じる。

そこで本書では、ユダヤ人が唐の外交官に登用されたことや、李密翳がユダヤ教徒である可能性が高いことを踏まえて、破斯清道もユダヤ教徒であったと仮定してみた。その上で、「破斯」から連想できるユダヤ教徒にありそうな状況をシミュレーションしてみる。

例えば、「破」が法律を破るという意味の中国語「破律」の「破」だったと仮定した場合のシミュレーションは次の通りである。

〈本当は、「(?：一字の姓）＋清道」という漢名を与えられた波斯《ペルシア》人のユダヤ教徒だった。彼は、ユダヤ教典の『モーセ五書』の律（刑法）で労働を禁じられた安息日に夜勤の宿直をさせられた。そのため彼は、その律（刑法）を破ることになり、死刑に処せられる運命となった。それを嘆いた彼が、異国の名である漢名の「(?：一字の姓)」を書き込む代わりに、『モーセ五書』の律（刑法）を破らされた波斯人という意味を掛けた文学的表現を用いて「破斯」と記録した。〉

この文学的表現は、「名は言葉」として読み替えるユダヤ教典の『モーセ五書』の、キリスト教にはない読み方に倣ってシミュレーションしたものである。なお、そのキリスト教にない『モーセ五書』の読み方というのは、ヘブライ語の『モーセ五書』の五巻それぞれの題名に由来する。

それらの題名は、五巻それぞれの初めの文から抜き取った言葉からなり、一巻めから順に『ベレシート』（初めに）、『シェモース』（名（複数形））、『ワイクラー』（彼（神）は呼んだ）、『ベミドバル』（荒野で）、『デヴァリーム』（言葉（複数形））となっている。それら五巻の題名を続けて読むと、「初めに神は荒野で名を呼んだ、それは言葉」となるのである。

つまり、ユダヤ人には、「名は言葉である」という経典の題目通り、名を言葉として解釈する慣習があるのである。

次に、安息日に働くと死刑に処せられることを定めたユダヤ教の『モーセ五書』のその律（刑法）の部分を、キリスト教聖書の邦訳から引用する。

ユダヤ教典『モーセ五書』の『シェモース』（名）

〈六日の間は仕事をすることができるが、七日目は、主の聖なる、最も厳かな安息日である。だれでも安息日に仕事をする者は必ず死刑に処せられる〉（キリスト教『新共同訳 旧約聖書』出エジプト記 31章15節）

では、破斯清道の「破」が法律（安息日には働かない）を破るという意味の「破律」の「破」だったと仮定した場合のシミュレーションに従い、はたして、天平神護元年（765）の24日に安息日はあったのか、検証してみよう。ユダヤ教の安息日は金曜日の日没から土曜日の日没までの時間を言う。

そこで、和暦の1月から12月までの毎24日をユリウス暦に変換し[*1]、その曜日[*2]を見ると、和暦8月24日（ユリウス暦765年9月13日金曜日）、和暦12月24日（ユリウス暦766年2月7日金曜日）の二回が、安息日に当たることがわかった。

破斯清道がユダヤ教徒であったと仮定したら、この二日のうちのいずれかに、宿直を命じられた可能性がある。しかもその命令を断れる立場になかったからこそ、ユダヤ教典の刑法を破らなければならない無念さを感じ、自身を処刑する同胞もなく一命を取り留めた後ろめたさを、自身の名に込めたのではないか。

ただし、この推論はあくまで、破斯清道がユダヤ教徒であったと仮定した上で、宿直月日を絞り込んだものである。しかし、破斯清道が「波斯」（ペルシア）ではなく「破斯」であることから、彼をユダヤ教徒として見立てた方がその名との辻褄は合うことは確かだ。

＊1「和暦から西暦変換（年月日）」casio『keisan』https://keisan.casio.jp/exec/system/1239884730
＊2「Calendar for Year 765 (Israel)」,「Calendar for Year 766 (Israel)」Time and Date AS, https://www.timeanddate.com/calendar/?year=765&country=34

ユダヤ教徒にとってワインは宗教上の必需品

仮に、唐代の日本にもユダヤ教徒が官吏として暮らしていたとすると、彼らは宗教上、儀式に使用する物をどうやって調達したのだろうか。まずは、その使用する物をキリスト教聖書の邦訳から引用する。

ユダヤ教『モーセ五書』の『ワイクラー』（彼（神）は呼んだ）

〈以上がイスラエルの人々を聖なる集会に召集すべき主の祝日である。あなたたちはこれらの定められた日に、燃やして主にささげる焼き尽くす献げ物、穀物の献げ物、和解の献げ物、ぶどう酒の献げ物をささげる〉（キリスト教『新共同訳 旧約聖書』レビ記23章37節）

この記述から、ユダヤ教の祝日の儀式には献《ささ》げ物としてのぶどう酒が必要であったことがわかる。では、具体的にはユダヤ教にはどんな祝日があるのか。

参考までに、現在も継承されている祝日を、駐日イスラエル大使館のウェブページ「お知らせ2024年祝祭日カレンダー（大使館閉館日）」で見てみると、ユダヤ教の三大祭として知られている「ペサハ（過越《すぎこし》の祭）」「シャブオット（七週の祭）」「スコット（仮庵《かりいお》の祭）」が掲載されている。

次に、例えばシャブオット（七週の祭）の祭儀を記したユダヤ教の『モーセ五書』を、キリスト教聖書の邦訳で見てみよう。

シャブオット（七週の祭）

〈七週間を経た翌日まで、五十日を数えたならば、主に新穀の献げ物をささげる。（中略）これらは穀物の献げ物やぶどう酒の献げ物と共に主にささげる焼き尽くす献げ物であり、燃やして主にささげる宥《なだ》めの香りである〉（キリスト教『新共同訳 旧約聖書』レビ記23章16〜18節）

この記述からも、ユダヤ教の祝日には、どうしてもぶどう酒が必要なことがわかる。しかし、日本には黒米で造られる黒酒《くろき》と呼ばれる赤色の酒はあるが、ぶどう酒を造る習慣はまだなかった時代である。

ただし唐では、西域のぶどう酒が輸入されていたし、同時に長安他、唐の国内でも醸造もされて飲まれていた*。その状況を前提にすると、日本の大宰府の鴻臚館《こうろかん》（現・福岡市中央区）を通して輸入ぶどう酒を入手することは可能であったと考えられる。

*『中古丝路文明的见证者——唐代的葡萄酒及其器用』WANGYE MUSEUM https://www.wangyemuseum.com/newsinfo/4346688.html

実際、平城京（710〜784）があった奈良では、シルクロードを経由して西域から唐に運ばれてきた液体を運ぶための青緑釉陶器瓶が出土しているが、その内容物は不明とされているのである*。

*佐々木達夫、佐々木花江「奈良出土青緑釉陶器瓶の産地・流通・ルート・用途・内容物・価値」『金沢大学考古学紀要 第32号』2011年2月28日、pp.13－17

また、次のように、ヨーロッパ由来のブドウの種類が日本に自生していたという研究もある。

〈「甲州」は、（中略）現在では東洋系のビニフェラとされており、ビニフェラが生まれたコーカサス地方（黒海とカスピ海に挟まれた地域）から、シルクロードを通って日本にもたらされたと推定されています〉（「特集〈甲州〉ブドウのルーツ」『エヌリブ No. 27』2015年3月5日、酒類総合研究所広報誌ウェブサイト）https://www.nrib.go.jp/sake/nrib/pdf/NRIBNo27.pdf

この「甲州」とは、白ワイン用として多く使われている日本に根付いたブドウのことである。したがって、在日ユダヤ人は、大宰府や鴻臚館を通して、ユダヤ教の儀式に必要なぶどう酒やぶどう酒を造るためのブドウの種を入手していたと考えることができるだろう。

『延喜式』にユダヤ教のような穢れの風習がある

日本にはユダヤ教義とよく似た穢《けが》れという概念がある。これが平安時代（794～1185）には、法になっていた。

そこで、平安時代の967年に日本の法になった穢れに関わる禁忌と、ユダヤ教『モーセ五書』でイスラエルの神が告げた汚れについての法を比較してみよう。

『延喜式』（967）

〈有月事者。祭日之前。退下宿廬。不得上殿〉（『延喜式』第3巻）

『延喜式』現代語訳

〈月経の有る者は、祭日の前に宿舎に下がり、御殿に上がってはいけない〉

ユダヤ教

〈女性の生理が始まったならば、七日間は月経期間であり、この期間に彼女に触れた人はすべて夕方まで汚れている。生理期間中の女性が使った寝床や腰掛けはすべて汚れる。（中略）あなたたちはイスラエルの人々を戒めて汚れを受けないようにし、あなたたちの中にあるわたしの住まいに彼らの汚れを持ち込んで、死を招かないようにしなさい〉（キリスト教『新共同訳 旧約聖書』レビ記15章19、20、31節）

これらの記述から、月経の女性は、天皇やイスラエルの神の住まいに入ってはいけないことがわかる。

『延喜式』

〈凡觸穢惡事應忌者。人死限卅日。［自葬日始計。］産七日。六畜死五日。産三日。［鶏非忌限。］其喫宍三日〉（『延喜式』第3巻）

『延喜式』現代語訳

〈けがらわしい穢悪に触れたすべては忌者としての謹慎期間をもって対応する。人の死は葬儀から数えて30日、出産は7日。鶏以外の六蓄である馬・牛・羊・犬・豕の死は5日、出産は3日。猪肉・鹿肉を食べる者は3日〉

ユダヤ教

〈どのような人の死体であれ、それに触れた者は七日の間汚れる〉（キリスト教『新共同訳 旧約聖書』民数記19章11節）

人の死体に触れた者は、平安時代の法でもユダヤ教の法でも、両方とも汚れとして、謹慎期間が設けられていることがわかる。

ユダヤ教

〈イスラエルの人々に告げてこう言いなさい。妊娠して男児を出産したとき、産婦は月経による汚れの日数と同じ七日間汚れている〉（キリスト教『新共同訳 旧約聖書』レビ記12章2節）

〈女児を出産したとき、産婦は月経による汚れの場合に準じて、十四日間汚れている。産婦は出血の汚れが清まるのに必要な六十六日の間、家にとどまる〉（キリスト教『新共同訳 旧約聖書』レビ記12章5節）

人の出産も、両者とも汚れとして謹慎期間が設けられている。ただし日本の場合、『延喜式』に「産七日」とある通り、それは男女児とも七日間である。

ユダヤ教

〈食用の家畜が死んだとき、その死骸に触れた者は夕方まで汚れる〉（キリスト教『新共同訳 旧約聖書』レビ記11章39節）

家畜の死は、両者とも汚れとして、謹慎期間が設けられている。ただし日本の場合、『延喜式』に「六畜死五日」とある通り、それは五日間である。

ユダヤ教
〈いのしし。これはひづめが分かれているが、反すうしないから汚れたものである。これらの動物の肉を食べてはならない。死骸に触れてはならない〉（キリスト教『新共同訳 旧約聖書』申命記14章8節）

猪《いのしし》は、平安時代の『延喜式』では食べることで穢れ、謹慎期間が設けられている。一方のユダヤ教では、猪はすでに汚れた物とされ、食べることが禁じられているばかりか、その死体に触れることも禁じられている。

以上の例から、平安時代の『延喜式』は、ユダヤ教律法の「穢れ」の規範の影響を受けていると言うことができるだろう。

黄巣の乱から日本に逃げてきたユダヤ人

ユダヤ教徒は、唐（618〜690、705〜907）の外交官を務めるほど、唐朝から信頼を得ていた。日本でも、奈良時代（710〜784）に唐から来日したユダヤ教徒らしきペルシア人の中から、日本の官吏に就く者が現れた。

しかし、唐が滅亡に向かって傾斜していくと、旱魃《かんばつ》や蝗害《こうがい》（バッタ類の大量発生による災害）による食糧難の中で、黄巣《こうそう》の乱（875〜884）が激化した。黄巣の乱とは、塩の密売人・黄巣らを指導者とする農民の反乱である。

その間の878〜879年には、広州に定住したり、駐在していたイスラム教徒、ユダヤ教徒、ゾロアスター教徒、キリスト教徒などの外国人貿易商人が襲撃を受けて殺された。「広州大虐殺」である。

広州大虐殺といえば、黄巣の反乱軍が広州の住民を虐殺した事件だが、この時にアラブ人やペルシア人などの十数万人が犠牲になったとされる。

そして、唐が滅亡した後の平安時代（794〜1185）の967年に、日本では、ユダヤ教の「穢れ」の概念が日本の法典に加わった。具体的には、奈良時代の養老律令（757）の施行細則を集大成した法典『延喜式』に、ユダヤ教の「穢れ」の概念が盛り込まれて施行されたのである。

こうして唐と日本の出来事とを時系列にたどってみると、唐の出来事は、隆起する海の波の如く、やがて崩れては対岸の日本にもその影響が打ち寄せていたことがわかる。つまり、唐にいた外国貿易商人の船団のいくらかは、飢餓に狂った唐市民の暴徒の襲撃を逃れて、在庫を買い受けてくれそうな馴染みの客である日本の大宰府に逃げ込んだのではないか。そのような仮説にたどり着くのだ。

そして、その外国貿易商人の船団の中には少なくない数のユダヤ人もいたのだろう。

第3章のまとめ――平安時代より前にユダヤ人がいたのではないか

ユダヤ人と東アジアとの関係でいうと、この章で述べた通り、紀元前6世紀頃ユダヤ教典に中国産の絹織物が掲載されていたことがわかっている。また唐代に至ってはユダヤ人が唐の外交官を務め、日本の官人にもペルシア人が登用された。

その後、在唐ユダヤ人は、唐代末に起こった反乱を逃れて日本に移住したと考えられる。その根拠としては、「穢れ」という価値観の大きな変化が平安中期の日本に起こっていたことを挙げることができる。

つまり、在唐ユダヤ人が日本に移住して影響力を持つ存在になったからこそ、ユダヤ教の影響の強い、「穢れ」思想に基づく法典が定められたと考えられるのである。

ただ、なぜユダヤ人がそれほど日本を頼りにできたのか、ということを考えると、すでに日本にはユダヤ人の同胞が住みついていたのではないか。そのあたりの疑問は、第5章で解き明かしてみたい。その前にまず、次の第4章では、ユダヤ教から見た原罪と月経の汚れの関係、そして天皇と日本人と日本について考える。

第4章　ユダヤ教から見た天皇と原罪と日本人と日本

天皇とユダヤ教――東京大空襲と玉音放送から考える

第二次世界大戦で使われたと考えられるステルスな兵法「負けるが勝ち」。その兵法の要に位置した昭和天皇は、当時の日本人が知らない英国の正規軍の陸軍元帥という地位にいた。また、英国君主が帝の領土で権力を有していたが、そのことを日本人に知らせたことはなかった。

そして、雨のように降ってくる焼夷弾に被弾して何度も火の海になった東京で、皇居の明治宮殿が類焼によって全焼した。1945年5月25日の空襲で、桜田濠の向こう側に位置した陸軍参謀本部の旧庁舎が炎上した際、火の粉により600m以上離れた明治宮殿に類焼し全焼したとされている。

この時、宮殿の消火に当たった警視庁の特別消防隊19名が殉職したが、昭和天皇らは大型地下シェルターの御文庫に避難していたため無事だった。つまり、現人神と称された昭和天皇は無傷のままであり、その声（玉音）はＮＨＫのラジオ放送を通して全国に轟《とどろ》き渡った。

実はこの状況が、あまりにも旧約聖書に書かれている状況と酷似していることを、皆さんはご存じだろうか。例えば、申命記5章（聖書協会共同訳）から次に引用してみよう。これは、部族の頭たちと長老たちがモーセに言った場面である。

25節〈しかし、今どうして私たちが死なねばならないのでしょうか。まさに、この大いなる火が、私たちを焼き尽くそうとしているのです。もしこれ以上、私たちの神、主の声を聞くならば、私たちは死んでしまいます〉
26節〈すべての肉なる者のうちで、誰が、火の中から語りかける、生ける神の声を、私たちと同じように聞いて、なお生きていられるでしょう〉

この、火の中から語りかける「生ける神」というのは、イスラエルの神の別称である。英語バイブルの様々なヴァージョンでは、「living God」と綴られることが多い。

筆者が数えたところ、「living God」は、英語の旧約聖書（Tanakh 1917）に13回、英語の新約聖書（King James Version）には12回登場する。ただし新約聖書での「living God」は、イエスを、生ける神（living God）の子として説明するための記載である。

ところが驚いたことに、この聖書用語である「living God」は、近年の英語メディアで、現人神（昭和天皇）の英訳としても使われているのである。次に、それらの記事の中から現人神を「living God」と英訳したフレーズを和訳してみる。

〈第二次世界大戦の終戦前、天皇裕仁は、日本人から living God（現人神）と思われていた〉（「Hirohito's Speech: The Surrender Of Japan's 'Living God'」米国公共ラジオ放送、２０１５年8月15日）https://www.npr.org/2015/08/15/432399603/hirohitos-speech-the-surrender-of-japans-living-god

〈天皇明仁の父、裕仁の名において21世紀の日本の軍事行動は遂行され、その天皇裕仁は１９４５年の敗戦まで living god（現人神）として扱われた〉（「Palace denies reports Japan's Emperor Akihito is planning to abdicate」オーストラリア放送協会、２０１６年7月16日）http://www.abc.net. au/news/2016-07-13/japan-emperor-planning-to-abdicate-japan-media-reports/7627222

なお、明治天皇についても、２０１５年8月14日付のタイム誌『5 Myths About Emperor Hirohito』（天皇裕仁についての5つの作り話）に現人神の英訳として、「living God」が使われている。

これらの記事を書いた記者たちは、「living God」がイスラエルの神の別称であることを知った上で、現人神の英訳に使ったと考えられる。彼らがユダヤ教徒であったとしても、キリスト教徒であったとしても、「living God」がイスラエルの神の別称であることは知っていただろうと考えられるからだ。

イスラエルの神＝生ける神＝living God＝現人神＝連合国の敵国の国家元首

もしその記者たちに、戦時中は連合国にとっての敵国の国家元首であり、戦後は国連憲章でも敵国の象徴である昭和天皇を、イスラエルの神の別称で英訳することを避ける意思があったなら、現人神を「god incarnate」や「god on earth」などと英訳したのではないか。

しかしそれらの記事を掲載した英語の大手メディアは、昭和天皇を「living God」としたのである。

それらの英語の記事を読んだ読者は、それが現人神の英訳だと知らないのだから、火の中から語るイスラエルの神を想像した人もいたことだろう。この事象は注目すべき点であるため、次にイスラエルの神について説明した後で、再び扱うことにする。

イスラエルの神とはレビ人が継承する世襲制の職

では、イスラエルの神とは、イスラエルにどんなありがたいことをしてくれたのか。旧約聖書から引用してみよう。

〈深夜になり、主はエジプトの地のすべての初子を打たれた。王座に着くファラオの初子から、地下牢にいる捕虜の初子まで、さらに家畜の初子もすべて打たれたので、ファラオもその家臣もすべてのエジプト人は夜中に起き上がった。死人のない家はなかったので、悲痛な叫びがエジプトで上がった。ファラオはその夜、モーセとアロンを呼び寄せて言った。「あなたがたもイスラエルの人々も、立って、私の民の中から出て行きなさい。あなたがたが語ったとおり、行って、主に仕えなさい」〉（聖書協会 共同訳 旧約聖書、出エジプト記12章29～31節）

つまり、イスラエルの神は、イスラエル部族をエジプトから救済するために、エジプト人と家畜の初子（第一子）を皆殺しにしたのである。

ではずばり言って、イスラエルの神とはどんな存在か。日本語と英語の旧約聖書から引用しておく。

〈それゆえレビ人には、兄弟たちと同じ嗣業《しぎょう》の割り当てがない。あなたの神、主が言われたとおり、主御自身がその嗣業である〉（新共同訳 旧約聖書 申命記10章9節）

〈Wherefore Levi hath no portion nor inheritance with his brethren; the LORD is his inheritance, according as the LORD thy God spoke unto him.〉（JPS Tanakh 1917, Deuteronomy 10:9）

和訳〈したがって、レビには兄弟たちとの遺産分割もない。主であるあなたの神がレビ人に話したとおり、主が、レビ人の受け継いだものである〉

つまりイスラエルの神とは、レビ人男子が継承する世襲の職ということになる。しかしそういう神は、キリスト教旧約聖書の神の概念からは逸脱している。「イスラエルの神とは、レビ人男子が継承する世襲の職」と解釈した根拠を説明しよう。

そもそも「嗣業」という言葉は日本語の辞書にはない。日本人が辞書で引けない言葉を日本語聖書に使っているのである。そこで、「嗣業」を和訳する際に参考にした資料を紹介しておこう。

「嗣業」〈繼承基業或事業。〉（『漢語網』www.chinesewords.org）

和訳〈継承する遺産、あるいは継承する事業〉

このように「嗣業」の意味は「継承する遺産」や「継承する事業」である。

また、レビ人は男子が世襲する祭司族である。つまり、祭司族のレビ人が神を継承するとなると、神は遺産でも事業でもないので、神を祀りながら、祀る側のレビ人も神であるということになる。

この状況はちょうど、現人神であった天皇が、神主または神職でもあった状況と相似する。そこで本書では、このような事例をもって、「イスラエルの神とは、レビ人男子が継承する世襲の職」と解釈した。

今もレビ人が存続している場合、イスラエル部族を救済するために大量殺人を実施した実績を毎年ペサハ（過越の祭）で讃えられる神、その継承者が、今もこの世界にいることになる。そのレビ人が誰なのか、今も存続しているのかは不明であるが、近代においては、「living God」（イスラエルの神）のフレーズが明治天皇やその皇統を継承した昭和天皇に使われたことは、事実として留意しておきたい。

なお、このことをストレートに受け止めるなら、「living Gid」とされた天皇は、ユダヤ教徒から、イスラエルを救済するために大量殺人も厭《いと》わないイスラエルの神と見られていたことになる。

原罪——ユダヤ教の法を守る皇居

皇居の宮中ではユダヤ教『モーセ五書』に記された法を守っていることを思わせる証言がある。

宮中三殿の一つである賢所《かしこどころ》に57年間（1943〜2001）、内掌典《うちしょうてん》として勤めた髙谷朝子氏による証言だ。

内掌典とは、内廷組織の掌典長の統括下で、皇室の祭祀を司る掌典職の一つである。その女性の証言を次に引用するが、文中の「まけ」は月経を意味する。

〈「まけまけ」は最も穢れにて、御用はご遠慮申し上げます。（中略）「まけ」ましてから八日目で中清になり、御殿御外陣での御用ができるようになり〉（髙谷朝子著『宮中賢所物語：五十七年間皇居に暮らして』ビジネス社、2006年）

つまり、月経は最大の穢れであり、月経が始まって7日間は宮中で仕事が禁じられているのである。しかし月経は、〈正常な持続日数は2〜7日間で、3〜5日が多い〉（「月経」『百科事典マイペディア』平凡社）とされるように、人それぞれその持続日数は異なる。

例えば4日目から4日間経血がない場合でも、7日間は穢れという扱いなのである。このことから、月経の持続日数の個体差を無視した何らかの便宜的な7日間を、月経の穢れとしたことがわかる。

では次に、ユダヤ教『モーセ五書』のレビ記からも引用する。

〈女性の生理が始まったならば、七日間は月経期間であり、この期間に彼女に触れた人はすべて夕

方まで汚れている〉（新共同訳 旧約聖書 レビ記15章19節）

これらの記述から、ユダヤ教の教義でも、月経の持続日数を隠した7日間が穢らわしいとされていることがわかる。

はたして「living God」（イスラエルの神）と言われた明治天皇と昭和天皇は、ユダヤ教典に書かれたレビ人が継承するイスラエルの神なのだろうか。この考察は、本章のまとめで再度述べる。

「善悪の知識の木」は「吉凶の知識の木」だった

なぜ、ユダヤ教は月経を汚れと定義したのか。その理由を知るためには、アダムが原罪を犯した経緯をヘブライ語の語義で知っておく必要があるので紹介しよう。

まずは、原罪の原因に深く関係する「善悪の知識の木」の、善と悪のヘブライ語の語意について説明する。この「善悪の知識の木」のフレーズが出てくる場面を、キリスト教旧約聖書から引用する。

〈主なる神は人に命じて言われた。「園のすべての木から取って食べなさい。ただし、善悪の知識の木からは、決して食べてはならない。食べると必ず死んでしまう。」〉（新共同訳 旧約聖書 創世

記 2章16～17節〉

キリスト教では、この「善悪の知識」を道徳的な意味合いとして解釈しているが、実は、ユダヤ教ではそうではない。では、どういう意味合いなのか。それを今、ワンフレーズで紹介するのは簡単だが、キリスト教・ユダヤ教の双方に失礼になるので避けておく。

まず、留意したいのは、キリスト教が日本語で「善」と翻訳したヘブライ語は「טוֹב」（トヴ）であり、その単語は他の節でも使われているということである。そこで、「טוֹב」（トヴ）は他の節で「善」以外にどのように和訳されているのか。

キリスト教『新共同訳 旧約聖書』創世記から引用して、その和訳に傍線を引いてみる。

〈神は言われた。「見よ、全地に生える、種を持つ草と種を持つ実をつける木を、すべてあなたたちに与えよう。それがあなたたちの食べ物となる。（中略）神はお造りになったすべてのものを御覧になった。見よ、それは極めて良かった〉（1章29～31節より抄録）

〈主なる神は、見るからに好ましく、食べるに良いものをもたらすあらゆる木〉（2章9節より抄録）

〈その金は良質であり、〉（2章12節より抄録）

〈主なる神は言われた。「人が独りでいるのは良くない〉（2章18節より抄録）

〈女が見ると、その木はいかにもおいしそうで、〉（3章6節より抄録）

これらの記述からわかる通り、ヘブライ語の「טוֹב」（トヴ）は、「良い」「良質」「おいしそう」など、道徳的な意味ではない。

次に、キリスト教で善悪の「悪」であるが、ヘブライ語で「רע」（ァアー）と綴る。他の節でどのように和訳されているのか、見てみよう。

キリスト教の『新共同訳 旧約聖書』創世記から引用して、その和訳に傍線を引いてみる。

〈父に襲いかかる苦悶《くもん》を見るに忍びません。」〉（44章34節より抄録）

「苦悶」となっていることからわかる通り、ヘブライ語の「רע」（ァアー）は、人を苦しめる状況の意味である。

つまり、ユダヤ教において、キリスト教でいうところの善悪の知識は、吉凶の知識である。

＊参考資料「ベレシート」ヘブライ語対訳英語　https://biblehub.com/interlinear/genesis/1.htm

アダムは、アダムのスペルの血と女の陰部の血を隠した

実は、善悪の知識の実を食べたアダムの尻には血がついていた。ここでは、その血を隠した文学的な面白い技法を解説する。それを知っていることで、原罪の原因に経血が位置するという真相に近づけるからだ。

ヘブライ語のアダムのスペルには、例えば漢字の「衆」に部首の「血」が入っているように、そのスペルの尻に血のスペルが入っている。右から左に綴るヘブライ語のアダム（אדם）のスペルを見ると、尻の部分の綴りが血（דם）なのだ。なお、ヘブライ語の尻（עגבה）にも日本語と同様に末尾の意味合いがある。

そしてアダムの尻の血を隠す面白い表現は、善悪の知識の実を食べた後のアダムたち二人の行動として描写される。

そこで次に、善悪の知識の実を食べる場面と、その後の行動を、キリスト教『新共同訳 旧約聖書』創世記から引用してみよう。

〈女が見ると、その木はいかにもおいしそうで、目を引き付け、賢くなるように唆《そそのか》していた。女は実を取って食べ、一緒にいた男にも渡したので、彼も食べた〉（3章6節）

〈二人の目は開け、自分たちが裸であることを知り、二人はいちじくの葉をつづり合わせ、腰を覆うものとした〉（3章7節）

「腰を覆うもの」はヘブライ語は「חֲגֹרֹת」（ハガルタ）である。ユダヤ教の英語翻訳では帯やベルトなどの意味の「girdles」（Jewish Publication Society Tanakh 1917『Genesis』3:7）と訳される。また、ユダヤ教典の他の巻で使用されている「חֲגֹרֹת」（ハガルタ）の英訳には、「巻き付ける」意味の「girded」（Jewish Publication Society Tanakh 1917『Joel』1:8）が使われている。

ただし、中東や西アジアの原産で古くから栽培されているイチジクは、葉の長さ12〜25㎝、幅10〜18㎝である*。このサイズの葉を綴り合わせて腰に巻き付けたら、ぎりぎりで超ミニスカートくらいの丈にはなるだろう。つまり、「腰を覆うもの」というキリスト教の新共同訳は間違いではないことになる。

*「イチジクの詳細」Pariz Nuts ウェブページ、２０１７年 https://www.pariznuts.com

なぜ、「腰を覆うもの」という部分のヘブライ語の意味にこだわるのかというと、帯やベルトなどの意味を踏まえてヒップボーンで履くミニスカート丈を想定する必要があるからである。そうすることで、ヒップボーンのミニスカート状の腰衣では、ぎりぎりアダムの尻を隠すことはできても、アダムの垂れ下がった陰茎や陰囊を隠すことはできないことがわかるからである。このことから、アダムと女のこの行動が陰部を隠すためではなかったことがわかるのである。

つまり、イチジクの葉のミニスカート状の腰衣は、アダムと女の陰部ではない何かを隠すことで、善悪の知識の木から実を食べたことを隠そうとしたのである。これは面白いナゾナゾである。

アダムの尻をいちじくの葉の腰衣で隠すことで、アダムのスペルの尻の血が隠したことを意味するのではないか。この文学的技法は、一休さんの頓智に似ている。いちじくの葉の腰衣が血を隠す文学的技法であった可能性を前提にすると、女の腰衣は何の血を隠すことができるのか、推察してみよう。

それは、月経の血ではないのか。生理用品のない時代、経血は、月経中の女性が何かに座ることによって尻を真っ赤に染めてしまう。これは、生理用品が充実していない昭和時代に女湯に入ったことがある人なら、見かけたことのある光景だろう。

月経を汚れとして人と接触させないようにしたユダヤ教の法につながる線が、うっすらと見えてきそうではないか。

しかしなぜ、アダムは二人の尻についた血を隠そうとしたのか。アダムと女は、善悪の知識の木から実を食べたことを隠すために、二人の尻についた血を、いちじくの葉の腰衣によって隠したことになる。それはもしかして月経暦と関係があるのか（詳細は次の項で記す）。

イチジクの葉を腰に巻いたのは、知識の実を食べていることを隠すためだった

先ほど述べた通り、キリスト教でいうところの善悪の知識の実は、ユダヤ教では「吉凶の知識の実」ということになる。

それにしても、尻についた血と、吉凶の知識の木とは、いったいどんな関係があるというのか。それを紐解くには、まず、原始的な生活をしていた人類に想いを馳せる必要がある。

動植物の多くが、一年という周期で繁殖を繰り返していることを発見した人類のことを考えてみよう。さらに、その知識に基づく農事暦によって、食物を農業生産する方法を発明した人類に想いを馳せよう。もしかすると、分業化が進んだ現代社会の私たちの多くは、一年が、多くの動植物の繁殖周期であることを忘れてしまっているかもしれない。

そもそも「御年《みとし》」は稲の別称である。「年」は五穀の実りや収穫を意味する言葉として『孟子』や『春秋穀梁伝《しゅんじゅうこくりょうでん》』で使われている。このことから、紀元前のアジアの人々は、周期的に訪れる農作物の実りを稲穂が頭を垂れる象形文字（楷書の「年」の字の前身）で書き表していた由来がわかる。同時に、食べるのによい穀物の繁殖周期（一年）を知っていたこともわかる。

一方アダムは、動植物の多くの繁殖周期が一年だということは知らなかった時代に生まれた設定になっている。

人間の月経は、排卵の約二週間後に始まる。月経の周期は、〈月経が始まってから次の月経の前日まで。通常は28日間〉（「月経周期」『デジタル大辞泉』小学館）である。

28日を13倍すると364日になる。つまり、女の尻の血を13回数える周期で、再び同じ実が成り、鳥が卵を産み、多くの動物が子を産むのである。

また、食物を十分に確保できない時期も、女の尻の血を13回数えると再び巡ってくる。そうすると、食物が足りずに大事な人が死んでいくのである。

吉凶が月経を13回数える周期で巡っていることを発見したら、次は、食物が枯渇する時期に備えて備蓄するだろう。やがて備蓄した実から芽が出て再び実を結ぶ。それも月経13回の周期で。

それを計画的に行うことができたら、それは農業生産となる。そのことについて、バーバラ・ウォーカー著『The Woman's Encyclopedia of Myths and Secrets』（女性の神話と秘密の百科事典）1983（p. 645）でも、〈暦の認識は、最初、月経の自然な体の暦ゆえに、女性の間で発達した〉〈ヨーロッパの農民は、ユリウス暦の他に月の女神から授かった月経暦も使用していた〉ということを述べている。

では、ここで、仮説を立ててみよう。

アダムと女は、決して食べてはならないと神から命じられた善悪（吉：一年周期で巡ってくる動植物の繁殖時期、凶：一年周期で巡ってくる飢餓）の知識によって生産した実（農作物）を食べたことで、目が開けた。しかしそれを神に知られないよう、イチジクの葉を綴り合わせて腰に巻き、尻の血を隠した。月経を数えて農業の知識の実を食べていることを隠すために――。
どうだろう、リアリティのある、人類の文明開花の瞬間を記録した物語になったのではないだろうか。だからといって、この禁断の善悪の知識の木から「食べると必ず死んでしまう」とされていることとの辻褄が合ったわけではない。

原罪の報い――イスラエルを砕き、エジプトの王の蛇冠を砕くという呪い

〈主なる神は、蛇に向かって言われた。「(中略)お前と女、お前の子孫と女の子孫の間に わたしは敵意を置く。彼はお前の頭を砕き お前は彼のかかとを砕く。」〉(キリスト教 新共同訳 旧約聖書 創世記 3章14~15節抄録)

この部分は、ヘブライ語のユダヤ教『モーセ五書』の『ベレシート』3章14~15節と異なるので、ヘブライ語から直接邦訳することにする。

〈エロヒム、主人(ヤハウエ)は、蛇に向かって言った。「(中略)お前と女、お前の種と女の胤の間に、わたしは敵意を置く。彼は頭の上の蛇を打ち砕くべし。また、蛇はヤコブを打ち砕くべし。」〉

ここでヘブライ語で文学的に語られていることを要約すると、アダムの妻の子孫は蛇冠を戴く農業大国・エジプトのファラオを砕き、ファラオもイスラエル（踵《かかと》という名のヤコブの別称）を砕くように、エロヒム、主人（ヤハウエ）が呪ったということになる。この呪いが結果的に史実として成就したかどうかを知るには、ユダヤ教典『モーセ五書』の歴史解説に照らす方法がある。

　ユダヤ教典『モーセ五書』によると、古代エジプトのファラオはイスラエル部族を奴隷として扱い、弾圧した。一方、イスラエルの神はエジプトの人や動物のすべての初子を殺してエジプトに大打撃を与えた。その隙にモーセが海を分ける奇跡を起こして、イスラエル部族をエジプトから脱出させた。そういうことになっている。

　ただ、古代エジプトのメルエンプタハ（在位：前１２１３〜１２０３）の戦勝碑の碑文は、前述とは真逆の側面を記録している。その碑文には、ヒエログリフでカナン（パレスチナ）遠征の際の記事が含まれており、「イスラエルは荒廃してその種はもうない。カナン（パレスチナ）はエジプトのせいで未亡人になった」と刻まれているのである。

　なお、この「種」の解釈には大きく分けて二通りある。一つは植物の種と解釈する説、もう一つは精子や子孫と解釈する説である。本書では、後者を選択することにする。

　その理由は、先述の通りヘブライ語のユダヤ教『モーセ五書』の『ベレシート』３章15節に〈お前の種〉（זרעך）とあり、植物の種のスペルを子孫の意味に用いているからである。

　ただし、この遠征時期のメルエンプタハは、正確には、まだ王位には就いていない。

いずれにしても、『モーセ五書』とメルエンプタハの戦勝碑の碑文の記述から、イスラエルはファラオに大打撃を与え、また、蛇冠のファラオはイスラエル部族の男を皆殺しにしたという歴史があったことがわかる。したがって、エロヒム、主人（ヤハウエ）の呪いは成就していることになるだろう。

つまり、〈（前略）善悪の知識の木からは、決して食べてはならない。食べると必ず死んでしまう〉（キリスト教 新共同訳 旧約聖書 創世記 2章17節）の「必ず死んでしまう」というフレーズが、古代エジプトの碑文によって裏付けられた。

アダムと女が、月経を数えて発見した吉凶の知識（農暦）によって生産した実（農作物）を食べた原罪のゆえに、農業大国エジプトが誕生した。しかし、それにより、イスラエル部族は奴隷とされた。結果的にイスラエル部族の男子は、蛇冠を頭上に戴くことになるメルエンプタハに征伐されたわけである。

アダムが犯した原罪は月経を数えたことから始まった。だから月経は穢れである――ということになる。

原爆は、エルサレム神殿でユダヤ人が焼き殺された日に炸裂した

ユダヤ暦3830年アーブ月8日、9日、10日の3日間、生贄《いけにえ》の動物を焼いて神に捧げるエルサ

レム神殿の聖所で、ユダヤ人1万人が生きたまま焼き殺された。その死者数には子供も老人も俗悪な者も祭司も含まれるという。なお、このユダヤ暦の三日間は、ユリウス暦でも後にできたキリスト教グレゴリオ暦でも、70年8月*に当たる。

*「西暦からユダヤ暦変換」『keisan』casio https://keisan.casio.jp/exec/system/1343263576

この大惨事は、ローマ帝国の属州ユダヤで勃発したユダヤ戦争（66～73）の決戦場となったエルサレムで起きた。それは、ユダヤ戦争中の西暦70年4月から、ローマ軍がエルサレムの街全体を攻囲したエルサレム攻囲戦の最後の決戦であった。

このエルサレム攻囲戦全体でのユダヤ人の死者数は、110万に上った。これほど膨大な死者が出た理由は、ユダヤ教最大の祭りであるペサハ（過越《すぎこし》の祭）が西暦70年4月にあり、ローマ帝国内各所からエルサレム神殿に巡礼にやってきたユダヤ教徒が、エルサレムに入市したところを包囲されたからである。

ローマ軍はエルサレム市街全体を包囲し、入市は許可するも、過越祭が終わって帰ろうとするユダヤ人たちをエルサレム市街に閉じ込めたのだ。

なお、筆者は、ユダヤ戦争についてのこうした情報を、ユダヤ戦争中にローマ軍の指揮官で後に皇帝となるティトゥス（在位79～81）の幕僚として働いたユダヤ教祭司フラウィウス・ヨセフス（本名：ヨセフ・ベン・マタティアフ）著『The War of the Jews/Book VI』*（ユダヤ戦記 第6巻）

第4章、5章、9章から得た。また、なぜユダヤ教祭司がエルサレム神殿の攻落に導いたのか、という不可解な部分は、次の項で明らかにする。

＊Josephus (the 1st century), William Whiston translated (1737)『The War of the Jews』Book VI, Wikisource https://en.wikisource.org/wiki/The_War_of_the_Jews/Book_VI

奇しくもアーブ月9日は、ソロモン王が建てた最初のエルサレム神殿が、紀元前587年に新バビロニア王国の王・ネブカドネザル2世によって破壊された日でもあった。そのため、現在でもユダヤ教徒は、毎年アーブ月9日を「ティシュアー・ベ＝アーブ」（アーブの9日）と呼んで、悲しみを記念する祭日として断食をする人が多い。

ただ、奇妙なことに、70年、エルサレム神殿の日の出を臨む聖所でユダヤ人がホロコースト（いけにえの動物を祭壇上で焼き尽くし、神に捧げる、古代ユダヤ教の儀式）の如く焼かれて死んだアーブ月9日はユリウス暦でもグレゴリオ暦でも8月、長崎の日本人が生きたまま無差別に焼き殺された日も8月9日であった。

1945年8月9日、長崎原爆によって亡くなった人は同年12月末までに7万3884人＊にも上った。

＊「キッズ平和ながさき－原爆による被害」『ながさきの平和』長崎市ウェブページ https://nagasakipeace.jp/

reference/materials/kids/higai.html

つまり、長崎原爆は、エルサレム神殿の聖所で、ユダヤ人1万人が生きたまま焼き殺されたホロコーストを再現した可能性があるのではないか。そうだとしたら、そんな非人道的なことをやったのは誰か？　そして、なぜ日本人がそんな目に遭わされたのか？

エルサレム神殿崩壊はハスモン家の七十七年目の復讐だった

西暦70年、ローマ帝国の分封領ユダヤ王国のヘロデ朝時代（前37〜4）にヘロデ大王が建てたエルサレム神殿が崩壊した。その年は、ヘロデ大王が、前王朝・ハスモン朝（前140〜前37）ユダヤ教祭司王の孫娘との間に生まれた自分の息子2人を処刑した紀元前7年から数えて七十七年目に当たる。

なお、ヘロデ大王がハスモン王朝の子孫を息子に持つことになった経緯は、次の通りである。ヘロデ大王は、ユダヤ教に改宗したイドマヤ人であったが、ローマ帝国の元老院からユダヤ人の王に指名され、ユダヤ王国ハスモン朝最後の祭司王を斬首し、その先代祭司王の孫のマリアムネ1世を娶った。

しかし、疑心暗鬼に取りつかれたヘロデ大王は、ハスモン王家の一族を次々に殺して自分の妻

（マリアムネ1世）も処刑した。ついには紀元前7年、息子のアレクサンドロス（28歳）とアリストブロス4世（24歳）の2人を処刑したのである。

ところが、その処刑されたアリストブロス4世の孫のアグリッパ2世は、ローマ軍と同盟してヘロデ大王のエルサレム神殿を破壊している。

さらには、祭司マタティアに由来するハスモン朝の、その血を引くマタティアの息子と称する男が、ローマ軍の指揮官の幕僚となってエルサレム神殿を攻落している。そのマタティアの息子というのが、『ユダヤ戦記』の著者、ヨセフ・ベン・マタティアフ（名の意味：マタティアの息子のヨセフ）である。

そのような経緯をさかのぼると、エルサレム神殿崩壊劇は、どうも、ハスモン王朝の末裔による復讐の色彩を帯びていたようだ。いずれにせよ、アレクサンドロスとアリストブロス4世が処刑されてから七十七年目にエルサレム神殿は破壊された。

復讐の数は七十七倍

ユダヤ教徒にとって「七十七」にはどんな意味があるのか。

ユダヤ教典で「七十七」を引いてみると、3度の記載があることがわかった。その和訳を、キリスト教 聖書協会共同訳 旧約聖書から引用する。

①〈カインのための復讐が七倍なら／レメクのためには七十七倍〉（創世記4章24節）
②〈この時、スコトの人々の中から一人の若者を捕らえて尋問し、スコトの長と長老、七十七人の名を書かせた〉（士師記 8章14節）
③〈捕囚の地から帰って来た人々は、イスラエルの神への焼き尽くすいけにえを献げた。イスラエルのすべての人々のために、雄牛十二頭、雄羊九十六匹、小羊七十七匹を、清めのいけにえとして雄山羊十二匹を献げた。これらはすべて主への焼き尽くすいけにえであった〉（エズラ記8章35節）

それらの「七十七」が何の数として用いられているのかを、文の前後を要約して説明してみよう。

①アダムの子孫のレメクがこうむった損害に対応する仕返しの倍数が「七十七」。
②イスラエル部族のギデオンがスコトの人々に援助を求めた際に、断られ嘲笑された。そこで、荒れ野の茨とあざみをもって踏みつけることで、思い知らせてやったスコトの人々の数が「七十七」。
③イスラエルのすべての人々のために、焼き尽くす生贄として神に捧げる子羊の数が「七十七」。

以上の記述から、ユダヤ教徒にとって「七十七」は、復讐を連想させる数であり、また、焼き尽くして神に捧げる子羊を連想させる数であることがわかる。

ヘロデ大王がハスモン王朝の血筋の人々を次々と殺し、最後の殺害となったのが紀元前7年だった。そこから数えて「七十七」年目に、ヘロデ大王が建てたエルサレム神殿が崩壊した。

ユダヤ教徒なら、エルサレム神殿の崩壊と、その聖所で1万人ものユダヤ教徒が焼き殺されたことは、ハスモン朝の血筋による復讐であったと考えていることだろう。

喜寿に火吹き竹を作る風習とハスモン朝の故事は関係があるか

日本には遅くとも室町時代から、「七十七」を三角形に配置して「㐂」と書く国字がある。「喜」の草書体「㐂の下に一」の「一」を外して楷書にした字である。この字は昭和の頃までよく使われたが、現在は異体字とされる。

「㐂」の古い使用例を紹介しておこう。

まずは、「わが庵は都の辰巳しかぞ住む世をうぢ山と人はいふなり」と詠んだ平安初期の歌人の喜撰《きせん》を、㐂撰と書いた例が『百人一首』の伝本（現在まで伝わっている写本や版本）に現れる。そこで次に、『百人一首』の伝本で、㐂撰と書いた人物を列挙してみよう。
○尊円《そんえん》親王（１２９８～１３５６）『百人一首』が模刻される際の元原稿を書いた伏見天皇の皇子
○武将・東常縁《とうつねより》（１４０１年頃～１４８４年頃）

○連歌師・宗祇《そうぎ》（1421～1502）＊
○国学者の屋代弘賢《やしろひろかた》（1758～1841）藤原定家《ていか》の三男・藤原為家《ためいえ》（1198～1275）筆本（手書きで筆写された本）を、模写した江戸幕府御家人（文官）

＊参考資料：木村孝太「『百人一首』主要伝本翻刻集成稿」『日本大学大学院国文学専攻論集 19巻』2023年、pp.1－72

これらの人物が㐂撰と書いたわけだが、そこからわかるのは、「㐂」の字は早くて14世紀、遅くとも15世紀には使用されていたということになる。

また、「喜」の崩字でありながら「㐂の下に一」ではなく、「二」がない「㐂」の字を使用した江戸時代の文学作品の例は、次の通りである。鈴木正三《しょうさん》作の仮名草子『二人比丘尼《びくに》』（1663年刊行）、井原西鶴《さいかく》作の浮世草子『武家義理物語』（1688年刊行）、井原西鶴作の浮世草子『日本永《えい》代蔵《たいぐら》』（1688年刊行）、式亭三馬作の滑稽本『浮世風呂』（1809～1813年刊行）、為永《ためなが》春水《しゅんすい》作の人情本『春色《しゅんしょく》梅《うめ》児誉美《ごよみ》』（1832年刊行）などを挙げることできる。＊

＊参考資料：「「㐂」（U＋3402）日本古典籍くずし字データセット」『人文学オープンデータ共同利用センター』
http://codh.rois.ac.jp/char-shape/unicode/U+3402/

江戸時代にこれだけ著名な作家による作品に登場するということは、それだけ「㐂」の字が多く使われていたということだろう。

しかし「㐂」は、昭和17年（1942）標準漢字表にも、当用漢字表（昭和21年：1946）にも、常用漢字表（昭和56年：1981／改定・平成22年：2010）にも含まれなかった。それに日本人の子供の名付けの漢字としても、昭和23年以降は使えなくなった。*

*参考資料：安岡孝一［第149回「㐂」と「喜」］『ことばのコラム』三省堂辞書ウェブサイト

とはいえ、未だ自分の名前を書くときに「㐂」を使う高齢者がいる。また、七十七歳を「㐂寿」と書いたり、「喜の字の祝い」と言ったりもする。そこから日本では、七十七という歳が、お祝いを意味することがわかる。

また驚いたことに、小学館『日本大百科全書』大藤時彦「喜寿」の項に、〈神奈川県秦野《はだの》地方では77歳の7月7日に火吹き竹をつくって火事厄《よ》けのまじないとする風があった〉という説明がある。なんと、七十七という歳月と、火事が一体化した認識が日本にはあったのである。しかしよく考えてみると、ものすごく不自然な風習ではないか。

そもそも火吹き竹は、火をおこす時や、火力を強める時に使う竹筒なのだ。昭和の時代までは薪で風呂の湯を沸かす家が残っており、筆者も火吹き竹に息を吹き込んで薪に火を焚き付けた経験がある。

したがってその風習は、本来は火事厄《よ》けではなく、「厄」という字の通り、火事厄《やく》（火事の災い）

が七十七歳であったと考えるのが自然だろう。しかも、その七十七歳で火吹き竹を作るというのだから、火を消す側ではなく、火を煽る側だ。

まるでハスモン朝の末裔による七十七年目の復讐と、エルサレム神殿聖所の火災を祝っているかのような、奇怪な偶然と言えないだろうか。ハスモン朝の末裔は七十七年目の復讐として、エルサレム神殿聖所に火災を起こしたが、「77歳の7月7日に火吹き竹を作って火事厄けのまじないとする」風習はそれと何らかの関係があるのだろうか。

アーブ月9日を悲しみの祭日とするユダヤ教徒が、日本人に、七十七と書く「㐂」を喜の字として、七十七歳の㐂寿を祝う習慣があることを知ったら、不審に思うだろう。そしてハスモン王朝の末裔が日本にたどり着いたかもしれないと想像するユダヤ教徒もいるかもしれない。

日本人が古代エジプト人だとにおわす英国公式報告書

一方、英国領香港財務長官ロバート・モンゴメリー・マーチン（在任1844〜1845）が、日本人が古代エジプトの子孫であるかのように1847年の公式報告書に書いて、ヴィクトリア女王に提出している。

その報告書は、ロバート・モンゴメリー・マーチン著『China; political, commercial, and social; an official report, Vol.1』（『清国：政治・商業・社会：公式報告書、巻1』）と題されている。27

7ページには「SIMILITUDE BETWEEN EGYPTIANS AND JAPANESE.」（エジプト人と日本人の類似）という見出しが付けられ、ウェブで公開されている。

その部分の報告を和訳した上で、内容に誤りはないか、検証してみよう。カッコ（　）内に原文の英語の名詞を書き込み、翻訳できなかった名詞はカッコなしでそのまま引用した。

なお原文の英語は長いので割愛した。URLを載せたので、興味がある方はリンクから英文に当たってほしい。

〈日本の寺院とエジプトの神殿の建築には顕著な類似点がある。日本の寺院の大部分がピラミッド状であり、いくらかは階段状で、その他、階段で降りた戸の向こうに四角形の地下室があるものもある。それらの多くは、エジプトの神殿と同様に十字の形で建てられている。The temple of Boorobboは、ピラミッド型で、円錐状の丘を切り崩して登り勾配の七段とし、三重の円状に連なる塔に囲まれたドームを頂上に戴いている。これはバベルの塔を模範にしているはずである。この日本のピラミッドの基底は、ギザのピラミッドとほぼ同じ面積からなり、同様に、内部の通路や部屋も硬い岩から切り出されている。日本の象形文字の多くは、まったく古代のエジプト語である。例えば、大矩《おおがね》（the square）、結縄《けつじょう》（the knot）、宝珠《ほうじゅ》（the orb）、全円儀（circle）、半円儀（semi-circle）、三つ撚《よ》り縄（the triple twisted cord）、瓶（vase）、サイフォン工法（syphon）、三叉槍《さんさそう》または股金鋤《またかなすき》（the trident）、曲金《まがりがね》（the mason's square）、大八車（hand-barrow）。通説では、この寺院の建設者たちは紅海沿岸の出身だという〉（Robert Montgomery Martin『China; political, commercial, and social; an official report, Vol.1』James Madden, London, 1847／カッコ（　）内は原文の名詞）https://books.google.co.jp/books?id=ReEDAAAAQAAJ&pg=PA238&hl=ja&source=gbs_toc_r&cad=3#v=onepage&q&f=false

この報告書には、明らかな誤りがある。報告書に〈The temple of Boorobbo〉と記された寺院を日本の寺院としている点である。それは、著者のロバート・モンゴメリー・マーチンが説明する寺院〈Boorobbo〉の外観が、インドネシアのジャワ島のユネスコ世界遺産・ボロブドゥール（Borobudur）寺院そのものだったからである。

ではなぜこのような間違いが公式に報告されてしまったのか。マーチンはいったい何を情報源として、ボロブドゥール寺院を日本の寺院として扱うに至ったのか。その可能性の一端として考えられる情報源が一つある。

初版が１８１７年、第二版（2巻と図録の3冊揃え）が１８３０年と１８４４年に発行されたトーマス・スタンフォード・ラッフルズ著『The History of Java』（ジャワの歴史）に掲載された〈The Temple of Boro Bodo in the district of Boro in Kedu〉（ケドゥ州ボロ地区のボロ・ボド寺院）と題するモノクロのリトグラフ（画像４－１[*]）である。

＊Thomas Stamford Raffles『Antiquarian, Architectural, and Landscape Illustrations of The History of Java』, London,

画像4－1

Henry G. Bohn, 1844

その図（画像4－1）は、マーチンの報告書が説明する寺院〈Boorobbo〉の外観と一致する。そして、『The History of Java』の本文に記されているであろう「Javanees」（ジャワ島人）は、Japanese（日本人）と似たスペルであるため、読み間違えたのではないか、と考えることもできる。

しかし、その挿画の寺院の名称の英語表記は〈Boro Bodo〉であり、マーチンの報告書の〈Boorobbo〉とは異なるため、情報源はその本ではなく、また聞きである可能性が考えられる。ただ、古代エジプトと一致している象形文字はある。それは、日本の国称である「日」（画像4－2）の金文「☉」とエジプトのヒエログリフの太陽「☉」（画像4－3）の字が、双方とも円の中に点一つが入っていることだ。

それにしても、なぜロバート・モンゴメリー・マーチンはボロブドゥール寺院を日本の寺院として報告書に書いたのか。それが、意図的であったのか否かは不明であるが、結果的に日本人がエジプト人の子孫のように見える記事になったことは事実である。

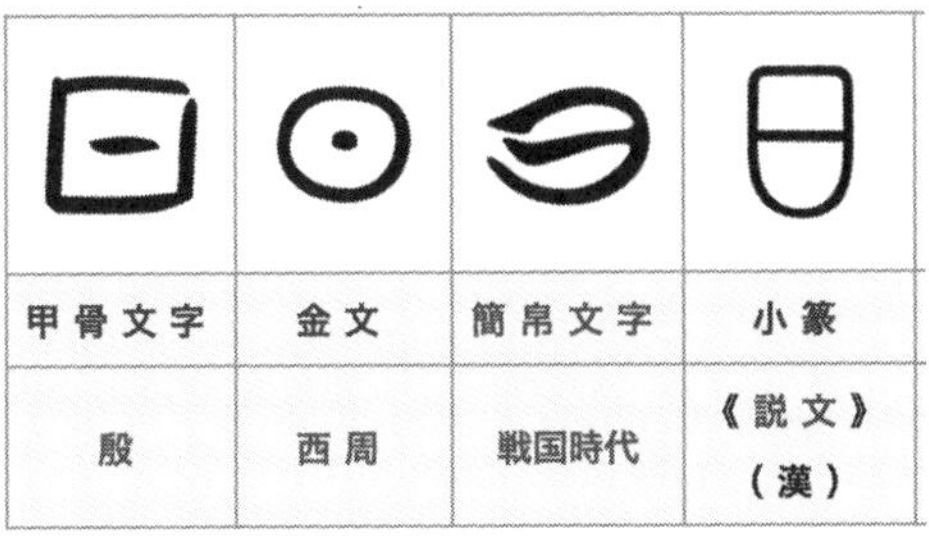

画像4－2　「日」（Wiktionaryより引用）

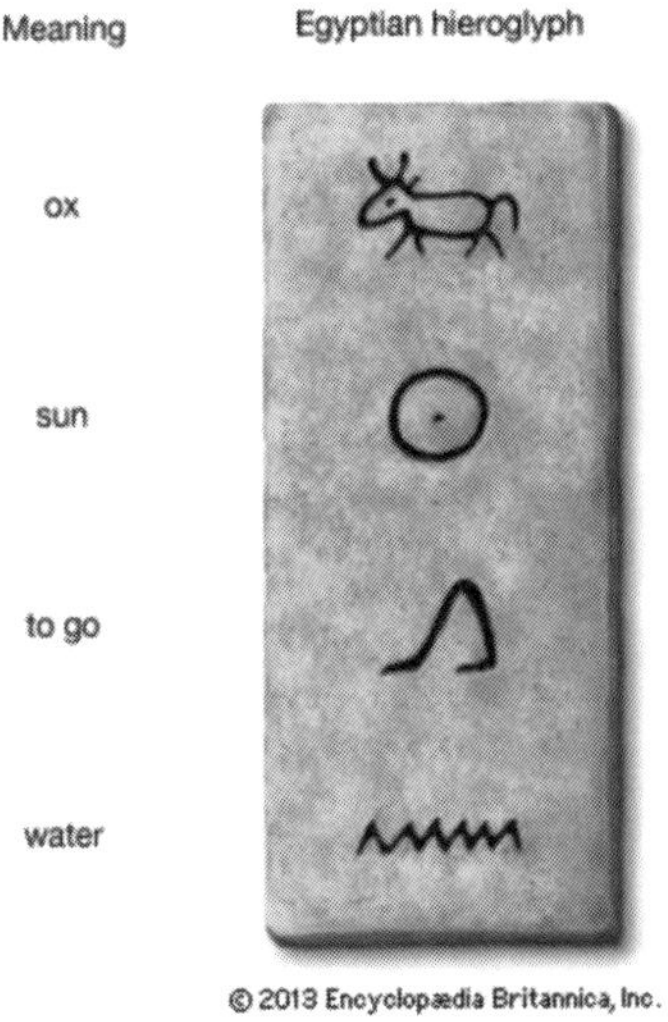

画像4－3　ヒエログリフの太陽
（Encyclopedia Britannicaより引用）

モーセ五書の題目に太陽神・ラーが隠された経緯

「日本」という国名とユダヤ教とは、実に縁が深い。なぜなら、ユダヤ教典の冒頭5巻（モーセ五書）の総称をギリシャ語の写本から直訳すると「日の本」になるからである。

ただ、それを理解するためには、まず、モーセ五書の総称について、比較宗教学からの視点を知っておく必要がある。説明しよう。

ユダヤ教典の冒頭5巻をヘブライ語で『תורה』（トラ）という。それは、キリスト教の旧約聖書の冒頭5巻に相当する。英語では『Torah《トーラー》』という。日本語では『トーラー』『モーセ五書』『モーセの書』『律法』など、複数の呼び方がある。

現存する世界最古の「モーセ五書」は、ユダヤ教の教典なのだからヘブライ語で綴られているのだろうと思われるだろうが、実はそうではない。現存する世界最古の「モーセ五書」は、前3世紀中葉から前1世紀頃までにギリシャ語で綴られた翻訳本であり、『七十人訳聖書』に含まれる。

この『七十人訳聖書』のできた時代、プトレマイオス朝エジプト（前305〜前30）が、イスラエルをも領土に含んでいたことが、このギリシャ語での翻訳本が作られた原因になる。つまり、どんなヘブライ語の「モーセ五書」を底本にしてギリシャ語の翻訳本ができたのかは、推察するしかないのである。

まずは、世界最古のギリシャ語の翻訳本が作られた経緯を説明する。エジプトのファラオでもあるプトレマイオス2世（在位・前285〜前246）は、イスラエル部族がどんな宗教を信仰しているのかを知るために、彼らの教典を、ヘブライ語から公用語のギリシャ語に翻訳するよう命じた。それで、イスラエル12部族から6名ずつの計72名が、エジプトのアレクサンドリアに集められ、ユダヤ人の律法をギリシャ語に翻訳してパピルスに書き記した。それが、『七十人訳聖書』である。

でもなぜ72名による翻訳だったのに七十人訳としたかについては、いろいろな説がある。その理由をユダヤ教典『ベミドバル』（キリスト教 旧約聖書『民数記』）に探すなら、〈主は雲のうちにあって下り、モーセと語られ、モーセの上にある霊を、その七十人の長老たちにも分け与えられた。その霊が彼らの上にとどまったとき、彼らは預言した。ただし、その後は重ねて預言しなかった〉（キリスト教 口語訳 旧約聖書 民数記 11章25節）とあることからうかがい知ることができる。

そこに〈その後は重ねて預言しなかった〉とあるように、長老70人は、その後再び主から霊を分け与えられて預言することはなかったと言っているのである。つまり、その後にできた『七十人訳聖書』は、本当は長老七十二人であったのを長老七十人による翻訳とすることで、ユダヤ教徒に対して、これは霊を伴わず、預言でもないことを示唆していたことになるのではないか。

そのためかどうか定かではないが、ユダヤ教では、ギリシャ語翻訳『七十人訳聖書』を正典として認めていない。ユダヤ教にとっては外典に過ぎないという位置付けなのである。しかしその『七十人訳聖書』は、キリスト教旧約聖書の底本になったという経緯が明らかになっている。

ユダヤ教が正典として認めているのは、ヘブライ語で羊皮紙に書かれた写本である。つまり、紀元後1008年のレニングラード写本と、その他のヘブライ語写本がユダヤ教典の底本である。

さて次に、ヘブライ語ユダヤ教典とギリシャ語翻訳『七十人訳聖書』双方の本文中で、『モーセ五書』という総称がどのように書かれているのかを見てみよう。『モーセ五書』のヘブライ語名とギリシャ語名の比較のために、バビロニアの捕囚から解放された後の記録とされる『エズラ記』と

『ネヘミヤ記』から引用する。これらは、『モーセ五書』の邦訳が『日の本』であることに導いてくれる資料である。

◎『エズラ記』6章18節より

ヘブライ語〈ספר משה〉（セフェル・モシェ）（モーセの本）
ギリシャ語〈βιβλίου Μωυσῆ〉（ビビリウ・モイスィ）（モーセの本）

ヘブライ語の〈ספר〉（セフェル）も、ギリシャ語の〈βιβλίο〉（ビビリウ）も本を意味する。それで英語では、ギリシャ語の「本」という意味で、聖書をBible《バイブル》というわけである。

つまり「モーセ五書」は、紀元前の『七十人約聖書』にギリシャ語で「モーセの書」を意味する〈βιβλίου Μωυσῆ〉と綴られ、現代のユダヤ教典でもヘブライ語で「モーセの書」を意味する〈ספר משה〉と綴られていたことがわかった。

◎『ネヘミヤ記』8章3節より

ヘブライ語〈ספר התורה〉（セフェル・ハ・トラ）（トラの本）
ギリシャ語〈τὸ βιβλίον τοῦ νόμου〉（ト・ビビリォン・トゥ・ノーム）（法律の本）

ヘブライ語の〈תורה（トラ）〉を、『七十人約聖書』の『ネヘミヤ記』では「法律」を意味するギリシャ語の〈νόμου（ノーム）〉と翻訳していたことがわかる。つまり、『モーセ五書』の文中に綴られた『モーセ五書』を指す言葉は、現代のヘブライ語ユダヤ教典で「トラの本」を意味する〈ספר התורה〉と綴られ、また、ギリシャ語翻訳『七十人約聖書』では「法律の本」を意味する〈τὸ βιβλίον τοῦ νόμου〉と翻訳されていたことがわかった。

しかし、ユダヤ教典冒頭5巻をまとめたギリシャ語の総称『תורה』（トラ）は、今ではギリシャ語で〈νόμου〉（ノーム）（法律）と言わず、『Τορά《トーラー》』と言うようになった。ヘブライ語のトラに近い発音になったのである。

ただし、このギリシャ語の『Τορά《トーラー》』は、ギリシャ語翻訳『七十人訳聖書』の本文中には見当たらないのである。

ということは、ギリシャ語の『Τορά《トーラー》』は、ヘブライ語の『תורה』（トラ）を音写しただけなのだろうか。

さて、日本では『モーセ五書』として知られるユダヤ教典冒頭5巻をまとめたヘブライ語の総称『תורה』（トラ）の、本当の意味は何か。それは、ギリシャ語で『Τορά《トーラー》』と訳されるようになったその意味を解明することでわかるだろう。

モーセ五書のヘブライ語の意味は「日の本」

さて、いよいよ本題に入ろう。『Τορά《トーラー》』とはいったい何なのか。

今では、『モーセ五書』の総称になったヘブライ語『תורה』（トラ）は、その総称においてのみ、ギリシャ語で『Τορά《トーラー》』と綴るのである。

実はそのスペルの構造こそが、〈תורה〉（トラ）をギリシャ語翻訳『七十人訳聖書』の本文中で直訳できずに、〈νόμου〉（法律）と翻訳するしかなかった秘密を打ち明けていると考えられる。

ギリシャ語の「Το《ト》」は定冠詞で、英訳すると「the」。ギリシャ語の「Ρα《ラー》」は古代エジプトの太陽または太陽神の意味である。なお、エジプトのヒエログリフで「⨀」（画像4－3）は太陽を意味し、ラーまたはレーと発音する。楷書の「日」も、象形文字までさかのぼると金文で「⨀」（画像4－2）と表記された。

つまり、『モーセ五書』のギリシャ語の総称『Τορά《トーラー》』は、漢訳すると、太陽神、または太陽や日の神などの意味を持つ「日」だったのである。

さらに言うと、ギリシャ語で〈τὸ βιβλίον τοῦ νόμου〉（法律の本）と翻訳されたヘブライ語の底本のフレーズの〈ספר התורה〉（トラの本）は、本当は、「太陽神の本」「太陽の本」「⨀の本」、あるいは「日の本」という意味だったことになる。

しかし、もしもヘブライ語の〈ספר התורה〉（トラの本）が、ギリシャ語で〈τὸ βιβλίον τοῦ Τορά〉（太陽神の本）と訳されていたとしたら、どういうことになるだろう。イスラエル部族にカナンの土地の所有や星のように増える子孫を約束したそのユダヤ教典は、古代エジプトの太陽神が下した契約の書ということになってしまうのである。

そしてこれが、その時のエジプトのプトレマイオス2世に知られて、「朕は太陽神の子、ファラオだ。おまえたちイスラエル部族にカナンの土地の所有権など与えるつもりはない。そんな嘘っぱちの教典で、朕から領土を奪還できると思っているのか。無礼者が！　死刑だ！」と言われてしまったらおしまいだ。だから、何かしらの神が下した『法律の本』として、ギリシャ語に翻訳をする必要があったのではないだろうか。

ともあれ、エジプトに太陽神の子としてのファラオを名乗る者がいなくなった現在、『モーセ五書』に使われているギリシャ語の総称『Τορά《トーラー》』は、その意味が知られてもいい状況にある。すなわち、『ネヘミヤ記』に記録された『モーセ五書』の古い呼び方は、ヘブライ語で〈ספר התורה〉（セフェル・ハ・トラ）であり、その意味は、「太陽神の本」または「日の本」（☉の本）であると。『モーセ五書』の本当の意味が「太陽神の本」または「日の本」（☉の本）であるということは、ユダヤ教の奥義なのだろう。ネットで様々な言語の教典を検索して比較できるようになる前は、ユダヤ教徒かキリスト教の神学者でもない限り、手に入らなかった情報なのだから。

実は、日本の国名とユダヤ教典との秘密の関係を匂わせるような、かぐわしい発音がヘブライ語にはある。

勝利という意味のヘブライ語「נצחון」が、なんと「ニツホン」という発音なのである。まるで、「日本」の二通りの読み方「ニッポン」や「ニホン」が、勝利の意味のヘブライ語から生まれたようではないか。

さらに言うと、日本と勝利を関連づける漢字が存在する。それは、勝利の意味を一字で表す漢字、「嬴《えい》」だ。秦始皇帝の姓が、勝利という意味を持つ「嬴」なのである（始皇帝の下の名前は政《せい》）。

もしかしたら、日本に渡来した秦氏が、後世になって、「嬴《えい》」を意味するヘブライ語の「ニツホン」を、日本の国名の読み方に当てた可能性があるのではないかと勘ぐりたくもなる。

しかもこの偶然が、『モーセ五書』の本当の意味は「太陽神の本」「太陽の本」「☉の本」または「日の本」だという奥義を知った上で起こったことだとしたら、日本においてユダヤ教徒の影響力は、計り知れないことになるだろう。

＊参考：ヘブライ語聖書検索：https://biblehub.com/interlinear/nehemiah/8.htm
＊参考：ギリシャ語聖書検索：https://biblehub.com/sepd/nehemiah/8.htm
＊参考：ヘブライ語の発音再生：https://ja.forvo.com/languages/he/

第4章のまとめ――日本はイスラエルの神の民族となり、イスラエルの神の声を宣言する？

ユダヤ教徒は一枚岩ではないことが、ハスモン王朝の血を引くユダヤ教祭司で歴史家のフラウィウス・ヨセフスが著した『ユダヤ戦記』からわかった。

ユダヤ暦3830年アーブ月8日、9日、10日の三日間、生贄の動物を焼いて神に捧げる場所であるエルサレム神殿の聖所で、ユダヤ人1万人が生きたまま焼き殺された。それは、ユダヤ戦争中の西暦70年4月から、ローマ軍がエルサレムの街全体を攻囲した戦闘の最後の決戦であった。

ユダヤ教徒は一枚岩ではないことは、このような情報をユダヤ教祭司が『ユダヤ戦記』で暴露したことからわかった。

現代のユダヤ教徒には、エルサレム市を攻囲されてローマ軍に殺されたユダヤ教徒、すなわち神殿の聖所で焼き殺されたユダヤ教徒と祭司たちの無念に寄り添う側と、ローマ軍の指揮官の幕僚になったフラウィウス・ヨセフス（祭司）の側の、敵対する二者がある。さらに、その二者のうちには、イスラエル十二支族に属さないレビ族の祭司がいて、イスラエルの神という立場を継承している。

つまり、ユダヤ教関係者には、対立する二つのユダヤ教徒グループと、対立する二つの祭司兼イスラエルの神の派閥という、四つの立場が存在しているのである。この四つの立場について、もう少し具体的に整理して説明しよう。

現在の〔ユダヤ教関係者〕には、
1．エルサレム市街やエルサレム神殿でローマ軍に殺され、神殿を崩壊されたユダヤ人の側に寄り添うユダヤ教徒
2．エルサレム神殿の聖所で焼き殺されたユダヤ教祭司の側に寄り添うレビ族、すなわちイスラエルの神
3．ヘロデ大王の建てたエルサレム神殿を崩壊して七十七年目の復讐を果たした側に共感するユダヤ教徒あるいは景教徒
4．ヘロデ大王に殺されたユダヤ教祭司王のハスモン朝の、その末裔のレビ族、すなわちイスラエルの神
という4つの立場が存在するのである。

しかもイスラエルの神は、ペサハ（過越の祭）のもとになっているエジプトからの救済劇のように、ユダヤ教徒たちを弾圧する者たちを大量に殺す奇跡を起こしてくれる生き神様なのである。

そのロジックを、ユダヤ王になったイドマヤ人のヘロデ大王から紀元前7年まで次々に殺されていった前王朝・ハスモン朝のユダヤ教祭司王の血縁者たちに当てはめてみよう――

ユダヤ教の祭司というのはレビ族であり、イスラエルの神を継承している。つまりヘロデ大王は、イスラエルの生ける神とその一族を殺したのである。

そして、神殺しがあった最後の年である紀元前7年から数えて七十七年目の復讐の年に、その末裔に当たるユダヤ教祭司・フラウィウス・ヨセフスはイスラエルの神として、生けるイスラエルの神を信じる者を救済するために、ヘロデ大王の建てたエルサレム神殿をありがたがるユダヤ教徒や敵対派閥の祭司たちを大量に殺した。そして同時に、ヘロデ大王のエルサレム神殿を崩壊させて復讐を果たしたようにも見える。

また、ユダヤ教典のモーセ五書を意味する〈ספר תורה〉（トラの本）は、「日の本」と邦訳できる奥義があることがわかった。そのことから、イスラエルの神の正体も、実は、古代エジプトの太陽神と同一視されたいずれかの王朝のファラオであったことがわかる。さらには、レビ族がイスラエルの神を継承する限り、彼らは太陽神と同一視されたファラオの継承者ということになる。

日本という国名は、ユダヤ教徒から見たら、「モーセ五書」の漢訳にも見えるだろう。

日本人は、ユダヤ教徒から見たら、古代エジプトの太陽神と同一視されたいずれかの王朝のファラオやその神官の子孫に見えるのかもしれない。あるいは、イスラエル部族を奴隷にした古代エジプトのファラオや支配者層の子孫にも見えるのかもしれない。

またあるいは、七十七を一字にまとめて「喜」の意味で「㐂」と書き、生まれて七十七年目を「㐂寿」（喜寿）として祝う日本人は、ハスモン朝の子孫側の勢力にも見えるのかもしれない。つまりその日本人集団は、先に1から4に分類した〈ユダヤ教関係者〉の1と2にとって、宿敵に見えている可能性もあるということだ。

天皇は、日（日の神・天照大神）の継承者であるため、ユダヤ教徒から見たらイスラエルの神であり、太陽神の継承者であるのかもしれない。特に昭和天皇は、戦勝国の公共放送の記事でLiving God（イスラエルの神）と称されたことに照らすと、ユダヤ教徒を救済するために大量殺人という奇跡を起こしてくれるイスラエルの神に見えていた可能性もある。

以上のように、ユダヤ教徒の視点から日本の近現代史を振り返ると、１９５１年2月下旬、幣原《しではら》喜重郎元首相（１８７２年9月13日〜１９５１年3月10日）が亡くなる少し前に、平野三郎衆議院議員に話した難解な言葉の意味が解けるかもしれない。

〈原子爆弾という武力は悪魔である。日本人はその悪魔を投げ捨てることに依《よっ》て再び神の民族になるのだ。すなわち日本はこの神の声を世界に宣言するのだ〉（平野三郎『幣原先生から聴取した戦争放棄条項等の生まれた事情について』憲法調査会事務局、１９６4年2月）

つまり日本人は、原子爆弾を日本人の生活圏で投げ捨てることによって、イスラエルの神の民族（レビ族）となり、日の本（モーセ五書）はイスラエルの神の声を世界に宣言すると言っているようにも聞こえるのだ。

第5章

唐の周朝王族子孫が周朝王族子孫の国「倭国」を百済の異称「日本」に改号した

倭国の倭人が周朝王族の子孫を名乗った

外国の古典文献には、倭国の女王についての記述がある。さらには、倭人が周朝王族の子孫を名乗ったという記述まである。次に、そうした記述を引用する。

○25～220年の歴史を扱った范曄《はんよう》撰『後漢書』（5世紀）－「東夷列傳」

〈倭國／女子名曰卑彌呼／共立為王〉

現代語訳：〈倭国／卑弥呼という名の女子／皆で共立して王になった〉

○184～280年の歴史を扱った陳寿《ちんじゅ》撰『三國志』（3世紀末）－「魏書三十－倭人傳」

〈邪馬壹國女王之所都／倭國／倭女王卑彌呼／宗女壹與《いよ》〉

現代語訳：〈倭国／邪馬壱国は女王の都とする所／同族の女子である壱与〉

○２６５～４１９年の歴史を扱った房玄齢《ぼうげんれい》撰『晉書』（６４８）―「列傳第六十七　四夷」

〈倭人／自謂太伯之後／女子為王名曰卑彌呼〉

現代語訳：〈倭人／太伯《たいはく》の子孫を自称／王になった女子の名は卑弥呼という〉

○前５７～９３５年頃の歴史を扱った金富軾《きんふしょく》ら撰『三國史記』（１１４５）―「新羅本紀第二」

〈倭女王卑彌乎〉

現代語訳：〈倭の女王、卑弥呼〉

○主に５０２～５５７年の歴史を扱った姚思廉《ようしれん》撰『梁書』（６２９）―「巻第五十四列傳第四十八　諸夷　海南諸國　東夷　西北諸戎」

〈倭者自云太伯之後／倭國／共立一女子卑彌呼為王／宗女臺與為王〉

現代語訳：〈倭人は太伯の子孫を自称した／倭国／一人の女子の卑弥呼を皆で共立して王にした／同族の女子である台与《とよ》〉

○主に５８１～６１９年の歴史を扱った魏徴《ぎちょう》ら撰『隋書』（６３６）―「巻八十一列傳第四十六　東夷」

〈倭國／女子名卑彌呼／國人共立為王〉

現代語訳：〈倭国／卑弥呼という名の女子／倭国の都の人々皆で共立して王になった〉

○主に３８６～６１９年の歴史を扱った李延寿《りえんじゅ》撰『北史』（６５９）―「巻九十四列傳第八十二」

〈倭奴國／女子名卑彌呼／國人共立為王〉

現代語訳：〈倭の奴の国／卑弥呼という名の女子／倭国の都の人々皆で共立して王になった〉

○張楚金《ちようそきん》撰の百科事典『翰苑《かんえん》』（660年以前）

〈女王國／倭國／女子名曰卑彌呼／自謂太伯之後〉

現代語訳：〈倭国／卑弥呼という女子／太伯の子孫を自称した〉

なお、『三國志』には、卑弥呼の死についての記述がある。卑弥呼が没した年は不明であるが、その前後の文によると、魏の正始八年（247）に倭国を訪問した魏の武官の報告として〈卑彌呼以死〉の記述があることから、247年頃に没したことがうかがえる。

『晉書』『梁書』『翰苑《かんえん》』には、いずれも、倭人が「太伯《たいはく》の子孫だと名乗る」という意味のフレーズがある。「太伯」とは、周の先王である周太王の王子に当たる。

また、「太伯」の又甥に当たるのが、周朝の創始者・武王である。武王にとっては大伯父に当たる。「太伯」の姓は姫《き》（女へんに頤《あご》の原字の匠）である。その姫姓の「太伯」の子孫だと、倭人は自称しているというのだ。

つまり、卑弥呼を女王とする倭国の倭人が、周朝王族の子孫を名乗ったというのだ。ということは、倭人は姫《き》姓の氏族、姫氏ということになる。

そして邪馬台国の卑弥呼も倭人である限りは、彼女もまた周朝王族の子孫ということになるだろう。

しかし、日本の正史である『日本書紀』（720）に、そうした説明は一切ない。『日本書紀』の中に手がかりがあるとすれば、周朝が姫姓《き》であることから、「姫」の字を含む女性たちの記載がそうかもしれない。このことは後ほど検証することにする。

また、倭国の女王であった卑弥呼の時代は、ちょうど、第十五代応神天皇の母である氣長足《おきながたらし》姫《ひめの》尊《みこと》（170〜269）、つまり神功皇后が摂政に就いていた201〜269年の間に位置する。確かに、『日本書紀』神功皇后の割注に、『三國志』の「倭人傳」から〈倭女王〉の記事の引用が見える。しかし、氣長足《おきながたらし》姫《ひめの》尊《みこと》（神功皇后）が外国から倭国の女王と呼ばれていたことが記述された外国の古典文献があるわけではない。

そもそも卑弥呼は独身で子もない。『日本書紀』の神功皇后のプロフィールとは異なるのである。

周朝王族の子孫が唐の第三代皇帝の皇后に立后された

武照（則天武后）が、永徽6年（655）、唐の第三代皇帝高宗の皇后に立后された。則天武后は、古代中国の周朝王族の子孫であり、高宗崩御（683）後に唐を廃して周（690〜705）を建国し、その女帝に就く人物である。

ただし彼女の姓は武であり、姫姓《き》ではない。武姓でありながら姫姓の周朝王族の子孫であることの由来は、姫姓の周の平王《へいおう》（〜前720）の末息子・睿祖《えいそ》にさかのぼる。周の睿祖の掌には、生まれながらに文字があり、それが武の字であったことからその氏族は武氏となったという*。

*林宝《りんぽう》『元和姓纂《げんなせいさん》』巻六、812年

そのため則天武后は、周朝建国後に、古代中国の周の睿祖《えいそ》を追封（死後に官爵を与えること）して睿祖康皇帝という諡号《しごう》を贈っている。

藤原鎌足は則天武后の父だとする能『海人』

14世紀頃から上演されてきた能の演目に、『海人《あま》』がある。この能『海人』では、藤原不比等の女きょうだいが唐の第三代皇帝・高宗の皇后（則天武后）だと、海人が語る場面がある。さらに海人は、その皇后（則天武后）の氏寺が、藤原鎌足の氏寺である興福寺だということも語っているのである。

藤原不比等と言えば、文武天皇の勅で、唐の律令を模した『大宝律』と『大宝令』を編纂して大宝元年（701）までに完成させた人物である。日本の律令が唐の受け売りだったというだけでも、日本が唐の衛星国のように見えるのには十分な条件であるところ、さらに能『海人』は、藤原不比等が、唐の皇后の弟であり、また周朝の女帝の弟であり、また唐の歴代皇帝の先祖の母となる女性の弟であったと言うのである。これが史実であれば、日本は完全に唐の衛星国だったことになるのではないだろうか。
次に、能『海人』の詞章から、その関係箇所を引用し、注釈をつけて現代語に訳す。

能『海人』の詞章から引用

〈シテ「今の大臣淡海公の御妹は。もろこしの高宗皇帝の后に立ち給う。かの后の御氏寺なればとて。興福寺へ三つの宝を送らるる。花原磐泗浜石。面向不背の玉。ふたつの宝は京着し。名珠はこの沖にて龍神にとらる。（以下略）」〉（金春流詞章『海人』名古屋春栄会*）

＊名古屋春栄会『海人（あま）』 http://www.syuneikai.net/ama.htm

現代語訳と注釈

〈海女「今の大臣の藤原不比等（６５９〜７２０）の姉は、唐の第三代皇帝高宗（６２８〜６８３）の皇后に立后された。その則天武后（６２４〜７０５）の氏寺だからと、藤原鎌足（６１４〜６６９）の氏寺である奈良の興福寺（当時は京都に在った山階寺《やましなでら》）へ三つの宝が送られた。花原磐と泗浜石（華原磬《かげんけい》と泗濱石《しひんせき》という打楽器）の宝二つは都に着いたが、面向不背《めんこうふはい》の玉一つは沖で龍神にとられてしまった。（以下略）」〉

詞章にある「御妹」は、男側から見て姉妹のいずれかを意味する。この場合、則天武后は、藤原不比等よりも35歳年上であるため、姉ということになる。しかし、則天武后は鎌足が10歳の時の子ということになり、現実味を失ってしまう。

ただし、則天武后は四川生まれで父の名は武士彠《ぶしかく》（577〜635）である。そこで、則天武后は鎌足が10歳の時の子になるという矛盾を解決するために、例えば、武士彠が唐のスパイとして倭国に潜入して鎌足として生きていたと仮定してみる。則天武后は武士彠が47歳の時の子であり、藤原不比等は82歳の時の子ということになる。娶った妻が若い女性ならば、あり得ないことではないだろう。

なにしろ武士彠が58歳で他界したことになっている635年頃の唐（618〜907）は、建国して17年が経過した時期であり、それまでの間もそれ以降も、隣国からの侵略を防ぐために、防衛戦または侵略、あるいは隣国との関係を唐にとって有利な方向に持っていく根回しや工作、諜報活動が必要だったことだろう。武士彠はそうした根回しや工作、諜報活動を担う要員だったのではないか。

そう考えると、能『海人』の人物設定は史実ではないと無碍に否定することはできなくなる。

その上でさらに言うと、能『海人』で語られてきた故事の中に、見逃せない部分がある。それは、「ふたつの宝は京着し」というフレーズである。

実は、中国語で宝が二つと言ったら「宝宝《バオバオ》」、赤ちゃん、または子の意味なのである。「ふたつの宝は京着し」を「宝宝《バオバオ》」（赤ちゃん・子）の暗示として捉えるならば、唐の皇帝から日本の都に子が送り込まれたことになるのではないか。

皇帝が則天武后との子を日本に送り込んだ可能性については、『日本書紀』の天智天皇の最後の段に、周朝王族の王位を暗示するような鼎《かなえ》についての不可解な表現があるので、後述する。

なお、興福寺にも、唐の第三代皇帝・高宗から宝物が贈られたという能『海人』のエピソードを裏付ける縁起が残っている。興福寺のウェブサイトの「華原磬」のページからその関係箇所を引用する。

〈**華原磬（かげんけい）**
［年代］奈良時代（中国・唐時代）、（中略）
謡曲「海人」で泗濱浮磬（しひんふけい）と面向不背珠（めんこうふはいのたま）と共に、中国・唐の高宗から興福寺に贈られたと謳われるように、古くから興福寺の至宝として知られてきました。（中略）いつから華原磬の名がつけられたのか明らかではありません。「磬」とは玉または石で造った楽器で、華原磬とは中国の磬石の名産地である華原の石で造った磬を指します*〉

＊参考サイト　「華原磬」興福寺ウェブページ　https://www.kohfukuji.com/property/e-0086/

この興福寺の縁起からわかることは、唐の第三代皇帝・高宗が藤原鎌足の氏寺である興福寺に宝を贈ったということである。つまり鎌足は、唐の第三代皇帝にとって、またその時代の実権を握っていたとされる則天武后にとって、重要な人物だったことになる。そしてその唐にとっての重要人物・鎌足の次男である藤原不比等が、唐の受け売りで日本の律令を編纂したからには、「大宝律令」が唐の差し金で作られた可能性を疑わないではいられない。

このことから、唐の高宗、あるいは則天武后は、日本を唐の衛星国にしようと画策した可能性があり、実際にも日本は唐の衛星国のような風体に仕上がっていったことがわかる。

天武天皇は周朝王族の子孫だった？

『日本書紀』第二十七巻天智天皇の最後の段には、「周公東征方鼎《しゅうこうとうせいほうてい》」の外形を連想させられる不可解な文がある。

ただ、「周公東征方鼎」がどんな物なのかを知らなければ、この不可解な文が何を描写しているのかもわからない。そこで簡単に説明すると、「周公東征方鼎」とは、周国の君主であった文王（前1152年頃〜前1056年頃）の四男・周公旦による東征を記念した青銅の大鍋のことである。

この鼎《かなえ》は、四角の角鍋の底に四本の足がついた大鍋で、4つの側面には、1面につき2羽、4面で計8羽の鳳凰が半立体的に打ち出され、4本の足もそれぞれ鳳凰の立像である（画像は第6章、190ページに掲載）。

次に、『日本書紀』天智天皇からその不可解な文を引用して現代語に訳す。

〈是歳、讃岐國山田郡人家有雞子四足者。又大炊有八鼎鳴、或一鼎鳴、或二或三倶鳴、或八倶鳴〉

(『日本書紀』巻二十七天智天皇)

〈この年(天智天皇10年・672)、讃岐国山田郡(現・香川県高松市あたり)の人家に四本足の鶏の子があった。さらに、宮中の大炊寮《おおいりょう》の8つの鼎《かなえ》が鳴いた。または1つの鼎が鳴いた。あるいは、2つか3つがいっしょに鳴いた。たぶん8つがいっしょに鳴いた〉

ここで、留意したいことが3つある。1つは、鼎が、〈《「金瓮《かなへ》」の意》現在の鍋・釜の用に当てた、古代中国の金属製の器。ふつう3本の脚がついている。王侯の祭器や礼器とされたことから、のち王位の象徴となった〉(「鼎《かなえ》」『デジタル大辞泉』小学館)であること。

もう1つは、鼎の数量は身分によって異なること。〈祭礼に際して、天子は九つの鼎、諸侯は七つの鼎、卿大夫は五つの鼎、士は三つの鼎を用いる〉ということが前漢時代の『春秋公羊傳』―「桓公巻四」(漢の何休《かきゅう》による注、唐の徐彦《じょげん》による疏『春秋公羊傳注疏』)に記されている。

例えば、周(690～705)の建国後に帝位に就いた則天武后は、697年に九つの鼎を鋳造したことが、司馬光撰『資治通鑑《しじつがん》』―「巻二百六」(1084)に記されている。

つまり、『日本書紀』に記された〈八鼎〉は、九鼎を用いる天子未満、七鼎を用いる諸侯以上の身分であることから、これから天子になる人を示唆している可能性がうかがえる。

またもう一つは、漢字文化圏では古くから鶏と鳳凰を同一視してきたこと。〈徐整《じょせい》撰『正歴』曰く、黄帝時代、鳳を以て鶏と為す〉ということが、李昉《りぼう》撰『太平御覧《たいへいぎょらん》』―「羽族部二」―「鳳」（984）に記されている。

つまり、『日本書紀』は鶏、「周公東征方鼎《しゅうこうとうせいほうてい》」は鳳凰であるが、鶏は鳳凰と同じと考えていいことがわかる。

そうなると、『日本書紀』の鼎についての段は、天智天皇の崩御の年に、四国の讃岐国に皇太子があり、日本の宮中にあるはずのない「周公東征方鼎」がその皇太子に呼応するかのように、王位を主張していたように聞こえてくる。

しかも、漢字文化圏では、夜に雄鶏が鳴く現象は戦争の前触れといわれていることが、劉安《りゅうあん》撰『淮南子《えなんじ》』―「泰族訓」（前139）に記されている。『日本書紀』には鶏が夜に鳴いたと書かれているわけではないが、同年に勃発する壬申の乱（672）を連想せずにはいられない。

そこでさらに連想させられるのが、唐の第三代皇帝が贈った二つの宝が京着したという能『海人』の詞章である。実はこの話は、能『海人』ばかりではなく、四国の香川県さぬき市の志度にも「海女の玉取り伝説」として伝わっている。

二つの宝で宝宝（赤ちゃん・子）。つまり唐の皇帝から則天武后との間の子が、日本に送り込まれたと解釈できることは、先に説明した通りである。

また、『もう一人の「明治天皇」箕作奎吾』では、その送り込まれた子は、『日本書紀』では天智天皇の次代の天皇・天武天皇（～686年没）ではないかと推察した。そう推察した根拠は、天武天皇の名が、則天武后の天武と、生前に天皇を自称した第三代皇帝李治から取った名のような四文字であり、また天武天皇の幼名が、能『海人』を連想させられる大海人《おおあま》皇子だからだ。

つまり天武天皇は、則天武后の子であるとしたら、周朝王族の子孫ということになるのである。

672年、『日本書紀』に周の「周公東征方鼎《しゅうこうとうせいほうてい》」が鳴いたかのような比喩がある年、則天武后は唐の第三代皇帝の皇后であった。その年に、周朝王族の子孫である則天武后の子を、同じく周朝王族の子孫を自称する倭国に送り込み、その地を統治させることが則天武后の目論見であったのか。翌673年、天武天皇は即位している。

『日本書紀』には、それとははっきりわからないように、不可解な4本足の鶏の子や鳴く鼎の話を書き残したのか。しかし、則天武后の周朝は705年に滅亡し、唐朝は復活した。そのため、唐代の720年に成立した『日本書紀』には、天武天皇を帝位に就かせた則天武后の目論見を、はっきりと書くわけにいかなかったはずだ。

唐の名将の墓碑銘に「日本」の二字が刻まれた謎を解く

「日本」の漢字二字を記した最古の史料は、678年に長安で他界し長安に埋葬された唐の名将の墓碑の銘文である。その人の名は禰軍《でいぐん》（613～678）。

まずはこの人物の経歴を、その墓碑銘から紹介する。禰軍は、百済生まれだが、百済が唐に占領された660年に唐に帰順すると早々、唐の官制の十六衛の一つである右武衛《うぶえい》に任命された。同時に、唐の軍制上の地方軍府である滻川府《さんかわふ》（長安）の長官である折衝都尉《せっしょうとい》に任命された。

すると663年、唐に占領された状態の百済で、百済遺民と倭国軍が百済の復興を目指して反乱（白村江の戦い）を起こしたが唐に敗れる。禰軍は、すでに旧百済に設置されていた唐の熊津都督《ゆうしんととく》府《ふ》の司馬《しば》としてその鎮圧に当たり、また倭国にも664年以降に2回は渡航している。そして672年には禰軍の長きにわたる功績が評価され、右威衛《ういえい》将軍に任命されると同時に、上柱国《じょうちゅうこく》（正二品相当）を叙された。

その禰軍の墓碑銘のタイトルが、〈大唐故右威衛將軍上柱國禰公墓誌銘並序〉である。

そしてこの墓碑銘に「日本」の二字が記されているわけだが、実は、その二字は日本列島を指しているのではないのである。678年の唐の長安で墓碑に刻まれた「日本」の二字は、「百済」の異称として使用されているというのだ。

では、その原文と和訳の両方を引用して紹介しよう。

〈于時日本餘噍、據扶桑以逋誅。風谷遺甿、負盤桃而阻固。〉

〈時に百済の残党は倭に依拠して誅罰《ちゅうばつ》を逃れていた。高句麗の残党は新羅を拠点にして堅固であ

った〉（李成市 2013・2014[*1]からの孫引き[*2]）

＊1 李成市「六～八世紀の東アジアと東アジア世界論」『岩波講座 日本歴史 第2巻 古代2』岩波書店、2014
＊2 近藤浩一「白村江直後における熊津都督府の対倭外交――朝鮮半島西南地域と北部九州にみる交流史の視点から」『人文×社会』2021年、1巻 第4号、pp. 17－41

確かに、663年の白村江の戦いの後、多数の百済人が倭国に亡命している。つまり、「日本」を百済として、また「扶桑」を倭国として解釈した〈百済の残党は倭に依拠して誅罰《ちゅうばつ》を逃れていた〉は、歴史と合致するのである。

また、高句麗も、新羅と唐に南北から挟撃されて668年に滅亡すると唐の軍門に降ったが、670年に高句麗の王族が新羅に亡命し、さらに新羅が唐を追い払って676年に朝鮮半島を統一している。つまり、「風谷」を高句麗として、「盤桃」を新羅として解釈した「高句麗の残党は新羅を拠点にして堅固であった」という記述も、歴史と合致する。

しかもこれを刻んだ史料は、678年の、百済出身の唐の名将の墓碑銘なのである。唐が支配を仕損じた朝鮮半島の国々やその先の島国を、あえて実名では取り上げずに、古典文献の中の風雅な二字を異称として当てたことがわかる。ただし、「日本」の二字のみが、漢字の古典文献にはないのである。

まずは、「扶桑」「風谷」「盤桃」を掲載した漢字の古典文献を列挙しておく。

「**扶桑**」：『山海經《せんがいきょう》』―「海外東經」（前5世紀～前3世紀頃）に〈湯谷上有扶桑、十日所浴、〉（湯谷の上に扶桑有り、十個の太陽が湯浴《あ》みする所、）とあり、経の名称が海外東であることから、大陸から海を隔てた東の方角に「扶桑」があることがわかる。

「**風谷**」：張協著『七命』（前4世紀）に〈寒山之桐、出自太冥。（中略）左当風谷、右臨雲渓〉（寒山の桐は北方が産地。（中略）東に風谷、西に雲渓を臨む）とあり、寒山の桐の産地は北方にあり、その自生地の東に風谷が位置することがわかる。

「**盤桃**」：別名は蟠桃：欧陽詢《おうようじゅん》らの撰『藝文類聚《げいもんるいじゅう》』「巻八十六 果部上」（624）に〈東海有山、名度索山、有大桃樹、屈盤三千里、曰蟠桃〉（東海に山有り、名は度索山、大きな桃の樹有り、曲がりくねること三千里、蟠桃と云う）とあり、唐の孫樵『序西南夷』に度索山の隅に新羅があると謳われたその山に有る「盤桃」ということがわかる。

つまり「扶桑」「風谷」「盤桃」という二字は、古典文献からその意味を引くことができる。そしてこれらはいずれも、唐から見て東にあったとされる植物や北東の方位が与えられた地である。

しかし、「日本」の二字だけが、その意味を古典文献に引くことができないのである。また、678年当時、倭国が「日本」を自称したこともないのである。

ただ、倭国王は607年の国書で、「日出處天子」（『隋書』巻八十一列傳第四十六 東夷 倭国）

を自称しているが、「日本」の二字は使ってはいない。

そこで注目したいのは、朝鮮半島の南端の西側に位置する百済に、漢字古典文献に前例のない二字熟語の「日本」が当てられたことである。百済の位置に照らすと、百済の異称の「日本」は、日出ずる処を意味する二字熟語ではなかったことになる。朝鮮半島の西側なのに「日本」だからだ。

678年の墓碑銘に刻まれた「日本」が日出ずる処を意味していないのなら、この「日本」とはいったい何か。その答えの可能性として、「日本」は、ユダヤ教典の冒頭五巻を指す「日の本」の漢訳であった可能性を調査する必要がありそうだ。

また、想像力をたくましくすることが許されるなら、次のように解釈したい。

禰軍《でいぐん》は「先祖の廟」という意味の「禰」の姓を持ちながら、すでに亡国となった生まれ故郷の百済に帰ることができなかった。そこで、せめて彼の墓碑銘の中だけでも、彼の故郷の名を彼が信仰した教典「日本」に代えることで、「先祖の廟」を祀ることを成就させてあげた、のではないか。

この解釈が正しいなら、墓碑銘の作者とその唐の名将の禰軍は、ユダヤ教典の冒頭5巻の漢訳が「日本」だと知っていたユダヤ教徒であり、またその作者が禰軍の故国を日本に変えてあげたということになる。

実は、7世紀の唐や百済にユダヤ教徒が存在した可能性がゼロだったとは言い切れないのである。19世紀の英国人神学者のアルフレッド・エダーシャイム牧師（Rev. Alfred Edersheim）は、〈開封府の古いユダヤ教寺院には、1488年に作成されたとされる碑文があり、（中略）ユダヤ教が漢代の前205年から226年に中国に入ってきたことが記載されている*〉と、書き残しているのだ。

＊ Rev. Alfred Edersheim『History of the Jewish Nation After the Destruction of Jerusalem Under Titus』Longmans, Green & Co., 1896

このことから、3世紀までには中国にユダヤ教をもたらしたユダヤ教徒がいたことがわかる。なにしろユダヤ教の神は、〈生めよ、ふえよ、地に満ちよ〉（キリスト教口語訳 創世記9：1より抄録）とノアと子孫を祝福しているのである。

また、〈大いにあなたの子孫をふやして、天の星のように、浜べの砂のようにする〉（キリスト教口語訳 創世記22：17より抄録）とアブラハムを祝福している。ユダヤ教徒は子孫を増やすよう努めるのだから、400年後の唐や朝鮮半島にユダヤ教徒が広がっていても不思議はないだろう。

「日本」の国号の成立経緯を記した『史記正義』は信頼できるか

「日本」という国号は、ユダヤ教徒から見たら、ユダヤ教典の冒頭五巻を表す総称の『ספר תורה』（トラの本：☉の本）の漢訳にも見える。では、「日本」という国号はいったいどういう経緯で成立したのか。

「日本」の国号の成立経緯が、前漢の司馬遷《しばせん》著『史記』の注解書として知られる唐代の張守節《ちょうしゅせつ》著『史記正義《しきせいぎ》』（736）に記されている。それは、『史記』に記された「鳥夷《ちょうい》」と「島夷卉服《とういきふく》」（島夷島民）の注解として、説明されているのである。

そこで、その原文と和訳を紹介するので、「鳥夷」と「島夷卉服」の注解に、「日本」の国号の成立経緯がどう書かれているのか見てみよう。

原文〈鳥夷：鳥或作島括地志云（中略）武后改倭國為日本國〉（『四庫全書』に編纂された張守節著『史記正義』巻一　五帝本紀第一）

和訳〈鳥夷《ちょうい》：「鳥」あるいは「島」と書く。『括地志《かっちし》』（唐初の地理書）が言うには、（中略）則天武后は倭國を改めて日本國とする。〉

原文〈島夷卉服：括地志云（中略）倭國武皇后改曰日本國〉（『四庫全書』に編纂された張守節著『史記正義』巻二　夏本紀第二）

和訳〈島夷《とうい》島民：『括地志』が言うには、（中略）倭國を則天武后が改めて曰く日本國。〉

『括地志《かっちし》』とは、唐の第二代皇帝・李世民（在位626〜649）の四男・李泰が、唐の行政区の情報を取りまとめ、編纂を主宰した地理書であり、642年に成立したことになっている。そこに倭国が登場するということは、663年の白村江の戦いの前から倭国は唐の行政区の一つだったことになってしまう。本当だろうか。

よく考えてみると、この記事には他にも矛盾がある。642年に成立したはずの地理書『括地志』を引用しているにもかかわらず、当時は未だ皇后の地位にはない武照《ぶしょう》(則天武后)が、皇后として倭国を日本国に改めたと記述していることである。

642年の武照(則天武后)は、未だ、第二代皇帝の側女(637~649)であった。また、武照が第三代皇帝の皇后の地位に就いて「武后」「武皇后」と称されるようになったのは655年であり、それ以降、第三代皇帝が崩御する683年までの間、武照は皇后であった。

そうなると、則天武后が倭国を日本国に改めたという記事を『括地志《かっちし》』から引用したとする『史記正義』自体の信頼性が疑われることになるのだ。それもそのはずである。

そもそも、『史記正義』は、宋代初頭に散逸して、その原典は喪失している。清朝の乾隆帝の勅令により1792年に完成した『四庫全書《しこぜんしょ》』に完全に復元されたわけではない状態で収録されているのが、現在読むことのできる『史記正義』なのである。

また、『括地志』に関しても、南宋(1127~1279)の滅亡以降に原本が喪失して完全な写本も現存していない。そのため、その後、様々な時代に同書の復元が試みられて輯本《しゅうほん》が作られた。

最終的に、中華人民共和国の国有出版社である中華書局が1980年に『括地志輯校《かっちしししゅうこう》』を出版している。その書には、「武后」や「武皇后」の名も、日本國という国名もなく、〈倭國〉の記載があるのみである。

つまり『括地志』からの引用として注解された『史記正義』の日本の国号についてのフレーズは、他の典籍からの引用であった可能性が考えられるのである。あるいは、642年に成立したとされる『括地志』自体が、唐朝の領土を一括りにした誌、という意味であるため、唐代の領土の変遷に従って、更新される性格の誌であった可能性も考えられる。

いずれにしても、『四庫全書《しこぜんしょ》』に収録された『史記正義』には、則天武后が第三代皇帝の皇后であった655年から683年の間に倭国を日本国に改めたという注解が残されていることは事実である。

日本国と倭国は別の国だったとする『唐書』

倭国が日本国になった理由が、劉昫《りゅうく》らの撰した『唐書』（945）画像5－1に記されている。そこで、原文を引用して、和訳する。

原文〈日本國者倭國之別種也　以其國在日邊故以日本爲名　或曰倭國自惡其名不雅改爲日本　或云日本舊小國併倭國之地〉（『四庫全書』に編纂

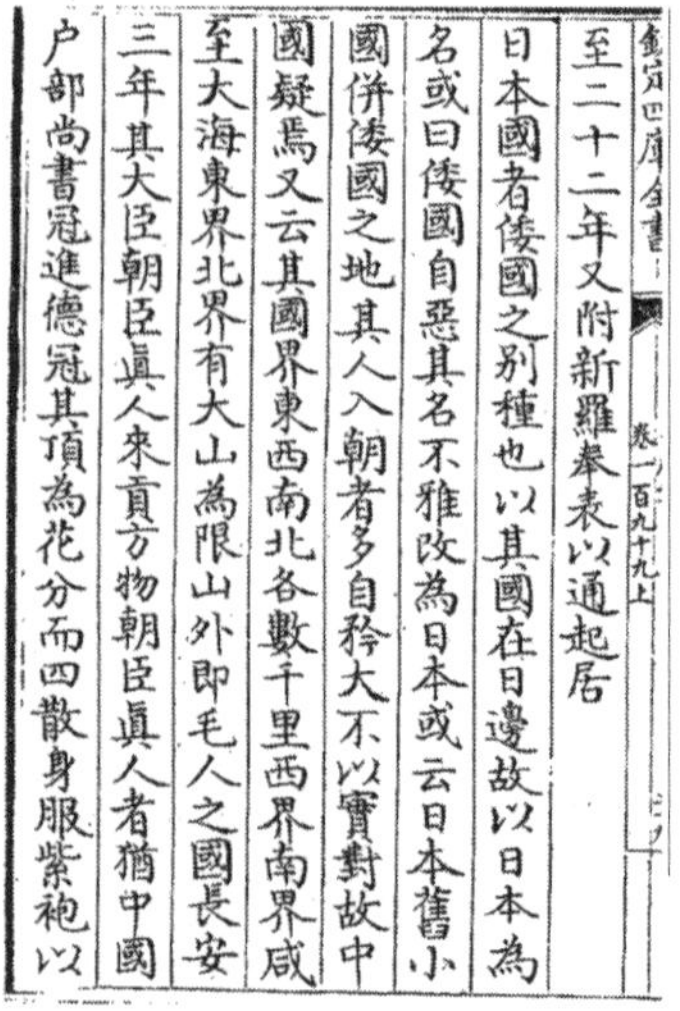
欽定四庫全書　卷一百九十九上
至二十二年又附新羅奉表以通起居
日本國者倭國之別種也以其國在日邊故以日本為
名或曰倭國自惡其名不雅改為日本或云日本舊小
國併倭國之地其人入朝者多自矜大不以實對故中
國疑焉又云其國界東西南北各數千里西界南界咸
至大海東界北界有大山為限山外即毛人之國長安
三年其大臣朝臣眞人來貢方物朝臣眞人者猶中國
戶部尚書冠進德冠其頂為花分而四散身服紫袍以

画像5－1　『唐書』

された『唐書』巻一百九十九上）

和訳〈日本国は倭国の別種である。その国は日の辺りに在る故、日本を以て名とする。或いは、倭国はその名の下品さを嫌って、日本に改めたという。或いは、日本は古くは小国であり、倭国の地を併合したという。〉

この和訳をわかりやすく整理すると、「日本国と倭国は別の国だった」「日本国は日の辺りに在るから日本という名とする」「日本は下品な名の倭国を改めた国名」「日本は倭国を併合した国」となる。つまり、最初は「日本＝倭国」ではなかったということになる。

日本の国号について、『唐書』に記された663年の白村江の戦いの記述に倭国の名は見えるが日本の名はないため、則天武后（皇后在位：655～683）が倭国を日本国に改称したのは、663年より後で、683年以前ということになる。

678～683年に倭国を百済の異称「日本」に改称した

しかも「日本」という二字熟語の初出は、678年、百済出身の唐の名将の墓碑銘に使われた百済の異称である。

そしてその名将の功績を知る唐の則天武后が、第三代皇帝の皇后だった時代（皇后在位：655

～683）に、倭国を日本国に改めた。それらを前提にすると、則天武后が倭国を日本国に改称したのは、禰軍《でいぐん》の墓碑銘が刻まれた678年の後から、第三代皇帝が崩御した683年の間であったということになりそうだ。

その時期は統一新羅（676～935）の時代。唐が倭国を日本国に改称したことは、「日本」の異称を与えられた百済が倭国に拡大したかのようにも見える。

あるいは、唐のために尽くした名将の祖国・百済に与えた美称「日本」を、百済人が移住した倭国の国号にすることで、「日本」はその名将のような親唐派の百済人たちの国だぞと、宣言しているようにも見える。

『日本書紀』に姫姓の氏族である根拠があった

唐代の『梁書《りょうしょ》』（629）、『晋書《しんじょ》』（648）、『翰苑《かんえん》』（660年以前）は、倭人が周朝王族であった太伯《たいはく》の子孫を自称したとする。これが事実なら、倭人には姫姓《きせい》が多いはずだ。

しかし、712年成立の『古事記』には、「姫姓《きせい》」や「姫氏《きし》」の二字はなく、「姫《き》」の字すら使われていない。

『古事記』とは、〈天武天皇の勅命で稗田阿礼《ひえだのあれ》が誦習した帝紀や先代旧辞を、元明天皇の命で太安万侶が文章に記録し、和銅5年（712）に献進〉（『デジタル大辞泉』小学館）した奈良時代の歴史書である。その歴史書には、天地開闢《かいびゃく》から推古天皇までの記事が掲載されている。

一方、720年成立の『日本書紀』には、「姫《き》」の字が女神や女性の名の中に使用された例を多数散見できる。ただし、「姫氏」の二字は百済の聖明王の使者・西部《せいほう》姫氏《きし》達率《だつそつ》怒唎斯致契《ぬりしちけい》のみである。

『日本書紀』とは、〈養老四年（七二〇）舎人（とねり）親王の主裁のもとに完成、朝廷に献じられた記録がみえるが、その編修過程は未詳〉（『精選版 日本国語大辞典』小学館）の、日本最初の勅撰の歴史書とされている。その歴史は、神代から天武天皇の皇后でもあった持統天皇までである。

そこで次に、神武天皇から持統天皇までの天皇のうちで、母の名に「姫氏《きし》」の字を含む天皇とその母の名、また、天皇本人の諡号に「姫《き》」の字を含む天皇を列挙してみる（アラビア数字は宮内庁の天皇系図に基づく天皇代数）。

1．神武天皇←母・玉依姫《たまよりひめ》
2．綏靖天皇←母・姫蹈韛五十鈴姫《ひめたたらいすずひめ》命《のみこと》
11．垂仁天皇←母・御間城姫《みまきひめ》
13．成務天皇←母・八坂入姫《やさかいりびめ》命《のみこと》
14．仲哀天皇←母・両道入姫《ふたじいりひめ》命《のみこと》
15．応神天皇←母・氣長足姫《おきながたらしひめ》尊《のみこと》

16. 仁徳天皇↑母・仲姫命《なかつひめのみこと》
20. 安康天皇↑母・忍坂大中姫命《おしさかのおおなかつひめのみこと》
21. 雄略天皇↑母・忍坂大中姫命《おしさかのおおなかつひめのみこと》
30. 敏達天皇↑母・石姫皇女《いしひめのひめみこ》
33. 推古天皇（諡号―豊御食炊屋姫《とよみけかしきやひめ》天皇）
34. 舒明天皇↑母・糠手姫皇女《ぬかでひめのひめみこ》
35. 37. 皇極天皇、斉明天皇（諡号―天豊財重日足姫天皇《あめとよたからいかしひたらしひめのすめらみこと》）↑母・吉備姫王《きびひめのおおきみ》
36. 孝徳天皇↑母・吉備姫王《きびひめのおおきみ》
38. 天智天皇↑母・皇極天皇、斉明天皇（諡号―天豊財重日足姫天皇《あめとよたからいかしひたらしひめのすめらみこと》）
40. 天武天皇↑母・皇極天皇、斉明天皇（諡号―天豊財重日足姫天皇《あめとよたからいかしひたらしひめのすめらみこと》）
41. 持統天皇（諡号：高天原廣野姫天皇《たかまのはらひろのひめのすめらみこと》）

このことから、持統天皇までの重祚を除く40名の天皇のうち、15名が「姫《き》」の字を含む名の母を持ち、3名の女性天皇の諡号に「姫」の字が含まれることがわかった。

ここで気になるのが、漢字の本家本元である当時の唐土において、「姫《き》」が姓以外で含まれる人の称は何を意味するのか、である。

まず一つは、前漢の文帝の母の称について、班固《はんこ》撰『漢書』（82年頃成立）の文帝紀に、〈母曰薄

姫〉（母は薄姫《はくき》）とある。ただしこの称は、彼女の本名ではない。魏国の王族・姫姓の女性と薄氏の間の子であり、諱が不明であることから、薄姫と記されるに至ったようだ。

その他、「王姫」は、姫《き》姓の周の武王の王女の意味である。そのことは、文字音義書である陸徳明《りくとくめい》撰『経典釈文《けいてんしやくもん》』巻四（583年撰述開始または成書）に、〈王姫武王女姫周姓也〉（王姫は武王の王女、姫は周の姓なり）と説明されていることからわかる。

また、「大姫」は、姫《き》姓の周の武王の長女の意味である。そのことは、次の史料からわかる。『春秋左傳』―「襄公二十五年」に〈元女大姫〉とあり、それが誰を指すのか、晋の杜預《とよ》注、唐の孔《く》穎達《ようだつ》疏『春秋左傳正義』―「巻三十六襄二十五年、尽二十五年」に〈元女、武王之長女〉（元女とは武王の長女である）と解説されているのである。

これらの例から、唐土において、「姫《き》」の字が含まれる人の称は、姫《き》姓の血筋の女性であることがわかった。

したがって、『日本書紀』に、「媛《ひめ》」ではなく「姫《ひめ》」の字が使われている女性の名も、姫《き》姓の血筋であることを示している可能性がある。

また、姫《き》姓の女性から生まれた子や子孫をその氏族として、姫氏《きし》と呼ぶこともできる。このことから、「姫《ひめ》」の字を含む天皇の母たちの名が『日本書紀』に記されたことで、「姫氏国《きしこく》」と称するに相応しい歴史が、内外に示されることになったと言えるだろう。

「東海姫氏國」の王が百代で終わると予言した『野馬台詩』

実は、倭人が「東海姫氏国」を自国の国号として認識していたことを示す証拠がある。その証拠とは、東海姫氏國の王は百代で終わるという予言を綴った１２０文字の詩『野馬臺《やばたい》』（野馬台詩《やばたいし》）が、自国の問題として取り沙汰されてきた歴史である。

日本ではこの詩の作者が、梁代（５０２～５５７）の慧皎《えこう》撰『高僧傳』（５１９）に、釋保誌という法名で記された高僧であるとされている。姓は朱、金城郡（現・甘粛省と青海省を跨ぐ地域）の人で、またの名を宝誌《ほうし》（４１８～５１４）という。

次に、『野馬臺』（野馬台詩）から、東海姫氏國の王は百代で終わるということがわかる箇所を抜粋して現代語に訳す。引用する古典籍は、振り仮名まで記された江戸後期の一般大衆向けの読本『野馬臺詩國字抄』（１８２２）である。

〈東海姫氏國《とうかいきしのくに》　百世代天工《ももよかわるてんこうに》（中略）
百王流畢竭《はくわうのながれことごとくつきて》　猿犬稱英雄《えんけんしようすえいいうと》（以下略）〉（高井蘭山述『野馬台詩国字抄』日本橋通 山城屋佐兵衛発行、１８２２年、早稲田大学図書館蔵）

現代語訳

〈東海の姫氏《きし》の国は、百世にわたり、天に代わって統治する。（中略）百王の流れはことごとく尽きて、蒙古や蛮が、英雄と称す。（以下略）〉

ただし、この詩の本当の体裁は、漢詩のように上から下に読んで左の行に移るという読み方で読めるような代物ではない。『野馬臺詩國字抄』によれば、碁盤の目にびっしりと並んだような120の文字を、迷路をたどるように読み進めていかなければ読むことのできないものだったようだ。

この『野馬臺《やばたい》』（野馬台詩《やばたいし》）を、『日本書紀』（720）が成立して以降の日本人が知ったなら、天皇の治世が百代で終わることに不安を覚えた人々がある一方で、喜んだ人々もあったことだろう。

実は、この『野馬臺』（野馬台詩）を最初に読んだ日本人は奈良時代の大臣・吉備真備《きびのまきび》（695～775）だったとされている。そのことが、平安後期の1100年代初頭に成立した『江談抄《ごうだんしょう》』（大江匡房《まさふさ》・談、藤原実兼《さねかね》・記）に記されている。

『江談抄』第三巻（藤原寿忠1784年の写本、早稲田大学図書館蔵）によれば、遣唐使として帝王に謁見した吉備大臣は、帝王の前で宝誌の難解な文を読むよう命じられて困惑し、本朝の住吉大明神と長谷寺観音に訴えると一匹の蜘蛛がその文字の上に降りてきたので、その蜘蛛の糸をたどって読むことができた。

さらに、『江談抄』第五巻（藤原寿忠1784年の写本、早稲田大学図書館蔵）には、宝誌讖

『野馬臺』（野馬台詩）から「百王流畢竭猿犬稱英雄」（現代語訳：百王の流れはことごとく尽きて、蒙古や蛮が、英雄と称す）を含む15文字が引用されている。

その後、吉備真備が『野馬臺』（野馬台詩）を帝王の前で読み解いたという武勇伝は、『江談抄』と同じく平安時代末から鎌倉時代初頭に作成された『吉備大臣入唐絵巻』にも詳しく図説された。

そして鎌倉時代には『延暦寺護国縁起』（1218）に邪馬台詩が引用されている。また鎌倉末期になると『日本書紀』を注釈した卜部懐賢《うらべのかねかた》著『釈日本紀』でも邪馬台詩が説明されている。

『釈日本紀』の明治期の書写本を国立公文書館デジタルアーカイブから引用してみよう。〈問此國謂東海女國又謂東海姫氏國若有其説哉。答師説梁時寶志和尚讖云東海姫氏國者倭國之名也〉（問、この国謂く東海女國、又謂く東海姫氏国、もしかしてその説はあるだろうか。答、師の説によれば、梁代の宝志和尚の予言に、東海姫氏国と云うのは倭国の名であり）という記載が見える。

さらに室町後期には、戦記物『応仁記』にも邪馬台詩が引用されている。また、宝誌讖『邪馬臺』と白居易著『長恨詩』『琵琶行』を一冊にまとめた注釈書が出版されるようになり、江戸時代にはその注釈書の出版がいっそう盛んになる。

江戸時代に「野馬臺詩」あるいは「野馬臺」を扱った書は、国立国会図書館で検索できるものだけでも50冊以上に上る。先に現代語に抄訳した『野馬臺詩國字抄』もその一つである。

ただ、『野馬臺』（野馬台詩）が梁代に宝誌によって作られたことを証明する、梁国や唐国の客観的史料があるわけではない。

ここで言えることは、日本人が、東海姫氏《きし》国を日本の異称と捉えていたことである。また、天皇を、日本で、東海姫氏国の百王として数えることが試みられてきたことである。

はたして天皇は、姫《き》姓の氏族なのだろうか。

第5章のまとめ――外宮祠官が倭漢通用の国号に「姫氏國」があると講述していた

今では、日本という国号は、日本列島の住人から発生した国号だと信じられ、日本人にとって母国の名としてアイデンティティを形成している。

しかし、「日本」の初出は百済の異称として現れたのであり、その百済の異称を倭国の新しい国号に変えたのが唐の皇后だったことを知った今、私たちの母国には様々な国号があったことを思い出さずにいられない。

ただ国号といっても、その称し方、称され方にはいろいろある。自称の国号と、他から称され自他共に認めるようになった国号があり、いずれにも当てはまらないその他の国号もあることに留意しておきたい。

では次に、日本の様々な国号の自称と倭漢通用の称、その他の国号を『日本書紀神代講述鈔』（1672年序）から引用する。これは、江戸時代の外宮祠官で神道家の度会延佳《わたらいのぶよし》（1615～1690）が講述し、それを神道家の山本広足《ひろたり》（1642～1710）が筆記し、編纂した記録である。

〈一ニハ豊葦原千五百秋《トヨアシハラノチイヲアキノ》瑞穂國《ミズホノクニ》　二ニハ豊秋津嶋《トヨアキツシマ》
三ニハ浦安國《ウラヤスノクニ》　四ニハ細戈千足國《ホソホコチタルノクニ》
五ニハ磯輪上秀真國《シワガミホツマノクニ》　六ニハ玉垣内國《タマガキノウチツクニ》
以上倭國獨《ヒトリ》稱スレ之ヲ以下八ノ名ハ倭漢通用ノ之稱カリ也
一ニハ倭國　二ニハ和面國
三ニハ和人國　四ニハ野馬臺國或云フ耶摩堆
五ニハ姫氏國或ハ云フ女王國　六ニハ扶桑國
七ニハ君子國　八ニハ日本國
以上六ノ與レ八合セテ十四追テ考ルニ虚見日本國《ソラミツヤマトノクニ》倭ノ奴國アレドモ其中《ソノナカ》ニ日本ハ倭漢通用《ワカンツウヨウ》ノ美名《ビメイ》ナレバ取分《トリワキ》テ用《モチ》ヒタルトミエタリ〉（度会延佳講述、山本広足編『日本書紀神代講述鈔』1672年序、早稲田大学図書館蔵）

「日本」が国号として用いられたのは、倭漢通用の美名だからのようだ。
江戸時代の外宮祠官の度会延佳《わたらいのぶよし》は、倭漢通用の国号の中に、姫《き》（女へんに頤《あご》の原字の𦣞）姓の氏族を意味する「姫氏国」という国号があることを明言していた。女へんに臣と書く姫氏国ではなく、

「姫氏国」なのである。

それにしてもいったいどんな経緯で、倭人が姫姓周朝の氏族の国を名乗るようになったのだろう。

それを知る手がかりは、「周公東征方鼎《しゅうこうとうせいほうてい》」の内側に記録された銘文に隠されているのかもしれない。

第6章 日本が姫姓の周朝王族から侵略を受けた秘史

周公丹が豊国の長を討ち破ったとする周公東征方鼎の銘文

「周公東征方鼎《しゅうこうとうせいほうてい》」（画像6－1）は、青銅で作られた方形の角鍋に四つ足がついた「方鼎《ほうてい》」（画像6－1）である。この「方鼎」は紀元前11世紀に作られたと考えられている。

その大きさは、高さ25・4㎝、幅22・9㎝、奥行き16・5㎝*である。側面は4面あり、各面に、鳳凰が背中合わせに2羽ずつ象《かたど》られている。

さらにその4面には、背中合わせの2羽の間に雲雷紋が突出する形で象られている。つまりその「方鼎」の4側面には、計

画像6－1　周公東征方鼎

8羽の鳳凰と4つの雲雷紋が半立体的に形作られているのである。

また、「方鼎」を支える4本の足は、4羽の鳳凰の立像から成る。

この「方鼎」の内側に、金文《きんぶん》という、青銅器に刻まれる殷・周時代特有の書体で銘文が刻まれている。内容は、東夷を征伐した周公の凱旋式典と、臣が鼎を謹呈した経緯の記録である。そのため、この方鼎は周公東征方鼎とも呼ばれているわけである。

では、「周公東征方鼎」の銘文（画像6－2[*1]）をご覧いただこう。金文の右側に付した白字の楷書は、『清華簡所見古飲至禮及《郘夜》中古佚詩試解』[*2]から引用して書き込んだ。

*1 The Asian Art Museum of San Francisco, "Ritual food vessel (fangding)"
*2 陳致「清華簡所見古飲至禮及《郘夜》中古佚詩試解」清華大学出土文献研究与保護中心編『出土文献　第一輯』2010年

次に、画像6－2のその楷書に変換された銘文を引用し、現代語に訳してみよう。

画像6－2　周公東征方鼎の銘文（サンフランシスコのアジア美術館所蔵／白字の楷書は筆者が書き加えた）

楷書に変換された銘文

〈隹周公于征伐東夷。豐白。尃古。咸𢦏。公歸𩰫于周廟。戊辰。畲秦畲。公賞塱貝百朋。用乍䵼鼎。〉(陳致『清華簡所見古飲至禮及《郘夜》中古佚詩試解』)

現代語訳

〈周公(別名:周公旦、文王の四男、武王の弟、成王の摂政)は東夷征伐で、豊国の長と薄姑を討ち破った。公は帰郷すると周王の宗廟祭をした。戊辰の日に酒を飲むに至った。公は塱に報奨金として貝貨百連を与えると、塱は鼎を作って供儀に用い、記念とした。〉

この銘文に「周公旦は東夷征伐で、豊国の長と薄姑を討ち破った」とあることから、「豊」(豊)は東夷の国であったことがわかる。では、東夷の豊という国はどこを指すのか。また、討ち破られた豊国の長とは誰か。

中国史において周代(西周・1046~前771)の「豊」といえば、文王が遷都した「豊京」(陝西省西安市長安区)が有名だが、そこは東夷ではない。現代の中国の歴史認識において、周代(西周)の東夷は山東省あたりを指す。ただし、周代(西周)の東夷の「豊国」が今のどのあたりの地域を指すのか、その根拠となる史料が存在するわけではないのである。

そこで本書では、日本列島が周朝から侵略を受けた可能性を検証してみようと思う。

『日本書紀』に記された豊国主尊は東夷の豊国の長か

紀元前11世紀、周公《しゅうこう》東征《とうせい》方鼎《ほうてい》に刻まれた銘文によれば、周の創始者である武王の弟で、武王亡き後第二代王・成王の摂政に就いた周公旦が、東夷の豊国の長（豊白）を討ち破ったという。

７２０年に完成した『日本書紀』神代の三番目に現れる神には、豊国の長を連想させせられる神名がある。それは、豊國主尊《トヨクニヌシノミコト》や豊國野尊《トヨクニノミコト》の神名である。

では、室町末期の写本の『日本書紀』巻一（画像６－３）を見てみよう。

画像６－３の中に、豊国の長（豊白）を連想させられる神名の関係箇所を明るく残したので、その部分を現代語に訳してみる。

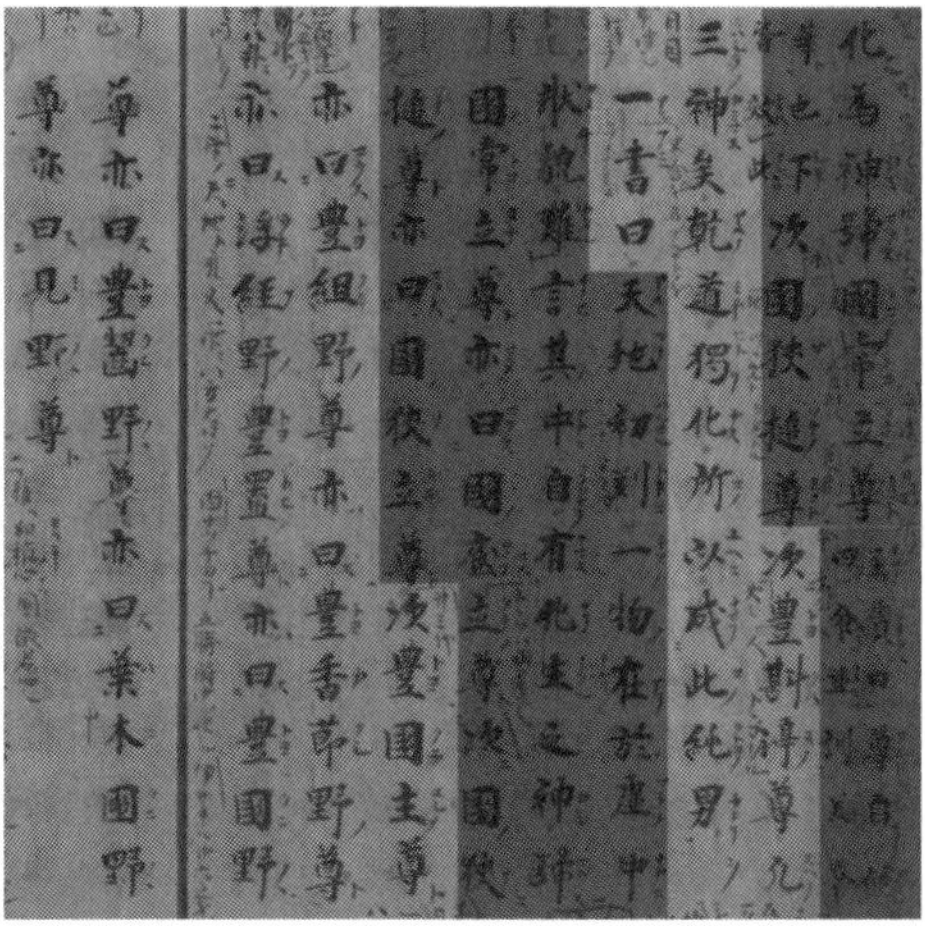

画像６－３　『日本書紀』巻一（国立国会図書館所蔵／暗色加工は筆者による）

現代語訳

〈次に豊斟渟尊《とよくむぬのみこと》が生まれ出た。全部で三柱の神であった。陽の道は自主的に創造される、このゆえに大いなる男となる。

ある書によれば、(中略) 第三代に豊国主尊《とよくにぬしのみこと》が生まれ出た、またの名を豊組野尊《とよくむののみこと》といい、またの名を豊香節野尊《とよかふしののみこと》といい、またの名を浮経野《うきゆうの》豊置尊《とよかいのみこと》といい、またの名を豊国野尊《とよくにののみこと》といい、またの名を豊齧野尊《とよくにののみこと》といい、また葉木国野尊、また見野尊ともいう〉(『日本書紀』巻一、国立国会図書館デジタルコレクション／室町末期の写本からの抄訳 https://dl.ndl.go.jp/pid/2545037/1/5)

『日本書紀』巻一の写本から現代語に訳した〈ある書〉は、その前の本文に続く最初の〈一書《アルフミ》〉であるが、その他に本文に続く〈一書〉は6つある。そしてその6つの説には、最初に生まれたのは、三柱の神だったという説の他に、人間二人説、一人説がある。つまり、その本文も合わせて七通りの説があるのである。

そして、その七説のうち、「豊」(豐《トヨ》)の字を冠した名を第三代の神の名としている説は、本文と、それに続く最初の〈一書《アルフミ》〉の二つのみである。さらに、「豊国《とよくに》」(豐國《トヨクニ》)の国名を冠した名があるのは、本文に続く最初の〈一書〉のみである。それが、豊国主尊と豊国野尊である。

また、本文に続く最初の〈一書〉には、「豊」(豐《トヨ》)の字を含む名が、第三代の豊国主《とよくにぬしのみこと》尊の異称として5つ紹介されている。

このことと、「周公東征方鼎」の銘文を重ね合わせると、「豊国《とよくに》」はある時点で滅びてしまったがゆえに、前記の〈一書《アルフミ》〉にしか残っていないように思えてくる。特に豊国主尊は、豊国の長を意味しているように見えてしまうのも、「周公東征方鼎」の銘文を重ねたくなる原因の一つである。

もしも仮に、『日本書紀』がいう豊国主尊の時代が、「周公東征方鼎」の銘文が刻まれた紀元前11世紀頃であったとしたら、豊国主尊の神話は、周公《しゅうこう》の侵略によって討たれた豊国の長（豊白）であったという史実になり得るのではないか。

はたして豊国主尊の年代を探る手がかりはあるのだろうか。

豊国の長と豊国主尊が同一人物だと証明する方法〈1〉と〈2〉

まず、渡来系弥生人の日本列島への移住はいつ頃始まったのだろうか。

弥生時代の始まりはいつか。これについて、〈水田稲作は弥生時代に始まったが、（中略）九州北部では前10世紀後半に水田稲作が始まった〉（藤尾慎一郎、今村峯雄、西本豊弘「弥生時代の開始年代―AMS―炭素14年代測定による高精度年代体系の構築―」『総研大文化科学研究 Vol.1』２００５年３月15日、pp.73－96）という。

また、〈縄文晩期の森林性新石器文化が、紀元前10世紀後半に始まった灌漑式水田稲作によって終了〉（藤尾慎一郎「「初期青銅器弥生時代」の提唱 鉄器出現以前の弥生時代」『国立歴史民俗博物館研究報告 第２３

1集』2022年2月、pp.267－298）とも、報告されている。

これらの記述から、弥生時代は、灌漑《かんがい》式水田稲作と共に前10世紀後半に始まったことがわかる。

また、弥生時代の文化はどこから来たのか。これについて、前掲論文に、〈紀元前8世紀末葉（弥生前期前葉）の九州北部には、遼寧式銅剣の破片を利用した銅鏃が登場するなど、韓半島南部に存在した青銅器破片の再利用システムが及んでいたと考えられるが、（中略）九州北部が中国を中心とする東アジア青銅器文化圏のもっとも外側の世界に位置している〉（前掲論文、藤尾慎一郎、2022年）と、報告されている。

「九州北部が中国を中心とする東アジア青銅器文化圏のもっとも外側の世界に位置している」とあることから、九州北部が、中国を中心とする東アジア青銅器文化圏内に位置していたことがわかる。つまり、弥生時代の文化は渡来系弥生人によってもたらされ、その背景には、中華王朝の文化的影響があったことになる。

ただ、渡来系弥生人の日本列島への移住は、現実的な推察をするならば、平和的な移住ではなく、侵入であったはずだ。

なにしろ弥生人は紀元前10世紀後半、九州の、言葉も通じない縄文人の生活圏に、灌漑施設を伴う水田を造ったのだから。そうするためには、縄文人の生活圏にある水源を占有し、開墾して水田を造り、水路や畔《あぜ》を踏み壊されて水を失うことのないよう縄文人の侵入を拒む必要があっただろう。それを可能にするには武力行使しかなかったはずだ。

つまり渡来系弥生人は、灌漑式水田稲作を始める前に、縄文人の討伐を行ったと推察せざるを得ないのである。ただ、あくまでこれは、現段階では根拠を伴わない仮説である。

しかし、この仮説を前提にすると、紀元前10世紀の弥生時代開始の前には、縄文人の討伐があったであろうことが推察できる。図らずも、ちょうど弥生時代開始前の時期（紀元前10世紀）は、周公が東夷の豊国の長（豊白）を討った周公東征（紀元前1042～前1040年頃）の1世紀ほど後の年代と重なる。そうなると、これがはたして偶然なのか否か調査しないわけにはいかないだろう。

まず、これが偶然ではないことを証明するためには、初めに、『日本書紀』の豊国主尊《とよくにぬしのみこと》の後の時代に、弥生人の渡来を示す水田稲作に関する記述を『日本書紀』の中に見つけ出さなければならないだろう。……〔1〕

さらに、『日本書紀』の豊国主尊の時代と豊国の長（豊白）が討たれた時代が一致することを示す根拠が必要だろう。……〔2〕

そうして〔1〕と〔2〕が揃えば、豊国主尊は、弥生人が日本列島に渡来して灌漑式水田稲作を始める前の、縄文時代に存在した豊国の主であったことになる。そうなると、縄文時代末に存在した豊国は周朝王族に討ち滅ぼされ、その後も大勢の渡来人による侵入を受けて灌漑式水田稲作が広がっていったという、現実味を帯びた人類史が浮かび上がるのだ。

『日本書紀』の豊国主尊の後の時代の、水田稲作に関する記述〔1〕

〔1〕の1　『日本書紀』の神世七代目以降に出現する「稲」や「穂」の字

『日本書紀』神代上において、豊国主尊《とよくにぬしのみこと》は、天地開闢の初めに現れた神世七代の三代目の神に当たる。ちなみに七代目が伊奘諾尊《いざなぎのみこと》と伊奘冉尊《いざなみのみこと》の二柱である。

豊国主尊の出現の前の記述に、稲作が始まったことが察せられる「稲《イネ》」や「穂《ほ》」の字があるか探してみたが、なかったことがわかった。

一方、豊国主尊が出現した後の記述には、「稲」や「穂」の字を含む名称やフレーズがあることがわかった。次に、それらを記載されている順に列挙し、注釈する。

○豊葦原千五百秋瑞穂之地《とよあしはらちいおあきのみずほのち》

伊奘諾尊と伊奘冉尊の国産みの本文に続く「一書」に記された「天神が伊奘諾尊と伊奘冉尊に、豊葦原千五百秋瑞穂の地があるから、あなたたちはそこへ行って宜しく治め（脩《シラス》）なさいと言った」というエピソードに登場する地名である。この地名は、伊奘諾尊と伊奘冉尊が、大日本豐秋津洲《おおやまととよあきつしま》をはじめとする大八洲国《おおやしまぐに》を産む前のエピソードに登場する。

○倉稲魂命《うかのみたまのみこと》

伊弉諾尊と伊弉冉尊の神産みの本文に続く六番目の「一書」に記載された、飢えた時に生まれた子の名である。

○腹中生稲《ふくちゆういねなり》

伊弉諾尊と伊弉冉尊の神産みの本文に続く十一番目の「一書」として、「伊弉諾尊と伊弉冉尊の子である保食神《うけもちのかみ》は、本当にすでに死んでいた。（中略）腹の中に稲が生じ、（中略）稲を水田の種子とし、天の狭田と長田に植え始めた」というエピソードに登場するフレーズである。

○正哉吾勝勝速日天忍穂耳尊《まさかつあかつかちはやひあめのおしほみみのみこと》、勝速日天忍穂根尊《かちはやひあめのおしほねのみこと》、正哉吾勝勝速日天忍穂根尊《まさかあかつかちはやひあめのおしほねのみこと》

○天穂日命《あめのほひのみこと》

○熊野忍蹈命《くまのおしほみのみこと》

右記三条は、伊弉諾尊と伊弉冉尊の子である素戔嗚尊《すさのおのみこと》が作用することで生まれた男神である。

○奇稲田姫《くしいなだひめ》、稲田媛《いなだひめ》、またの名を眞髪觸奇稲田媛《まかみふるくしいなだひめ》、奇稲田媛

素戔嗚尊《すさのおのみこと》が娶った女性の名である。

これらの記述から、豊国主尊よりも後の時代に、水田稲作を思わせる「稲」や「穂」の字が尊い神名に使われ始めたことがわかる。

さらに、豊国主尊よりも四代あとの七代目の伊弉諾尊と伊弉冉尊が天神から、豊葦原千五百秋瑞穂之地《とよあしはらちいおあきのみずほのち》を治めるよう言い渡されたことがわかった。

〔1〕の2 『日本書紀』で天神が豊葦原千五百秋瑞穂の地に言及した年代

では、「豊葦原千五百秋瑞穂」とはどんな意味なのだろうか。「豊葦原の千五百秋の瑞穂の国」を辞典で引くと、〈葦が生い茂って、千年も万年も穀物が豊かにみのる国の意〉（『精選版 日本国語大辞典』小学館）、あるいは〈葦が生い茂り、永遠に穀物が豊かにみのる国の意〉（『デジタル大辞泉』小学館）とある。

なお、「千五百秋」を辞典で引くと、〈限りなく長い年月。永遠。千歳。千秋〉（『デジタル大辞泉』小学館）、あるいは〈限りない年月〉（『広辞苑』岩波書店）と、時間を表す言葉であることがわかる。

しかし千五百は、「五」という数字が入っていることによって、何か具体的な数であるかのような印象を与えているようにも感じられる。それにもかかわらず、辞典の定義は非常に抽象的な時間であると定義していることには違和感を覚える。

そこで、「千五百秋」が、具体的な時間を言い表していると仮定してみよう。1500回の秋ということは、千五百年の時間ということになる。それを踏まえて豐葦原千五百秋瑞穂之地《とよあしはらちいおおあきのみずほのち》を訳すと、「葦が生い茂り、千五百年もの長きに渡って穀物が豊かにみのる地」という意味になる。

つまり、豐葦原千五百秋瑞穂之地で穀物が豊かに稔り始めたのは、この地名が「一書《アルフミ》」に記された時点から1500年をさかのぼった年ということになる。ただ、『日本書紀』の完成は720年であるが、その「一書曰」がいつ書かれた史料なのかは不明である。しかし、720年以前であることは確かだ。

そこで、その「一書」が書かれたのを720年以前として、二柱の神が豊葦原千五百秋瑞穂の地を治めるよう天神から言い渡されたのはいつの時代だったのか計算してみよう。720年以前から千五百年さかのぼると、紀元前780年以前ということになる。

したがって、「一書」の筆者は、それを書いた時点でも秋には豊かな穀物のみのりに恵まれている農業国・日本の証言者として、日本の農業の起源を「葦が生い茂り、千五百年もの長きに渡って穀物が豊かにみのる地」のフレーズの中に、記録していたことになる。その起源が紀元前780年以前だ。

はたして紀元前780年以前という年代は、日本の農業の起源として考古学と合致するのか。なんと、紀元前780年とは、〈弥生前期の始まりは前790~780年ころと考えられる〉（今村峯雄、春成秀爾、西本豊弘、藤尾慎一郎、坂本稔、小林謙一「弥生時代前・中期の実年代」『News Letter 弥生農耕の起源と東アジア No.8』国立歴史民俗博物館、2007年8月、p. 6、7）と言われるように、弥生前期の始まりの年代である。

しかも、弥生前期とは、〈奈良県唐古遺跡の調査で決着がついた。唐古遺跡の調査では水田跡こそ見つからなかったものの、定型化した大陸系磨製石器や木製農具が弥生前期からそろっていることが確認されたので、弥生式土器の時代は弥生前期から本格的な農業の時代であったことが明らかになる〉（前掲論文、藤尾慎一郎、２０２２年）と言われるように、本格的な農業が始まった時代を言うのだ。

奇しくも、伊弉諾尊と伊弉冉尊が豊葦原千五百秋瑞穂之地を治めるよう天神から言い渡された時期は、「千五百秋」を千五百年の時間として訳すことによって、日本で本格的な農業が始まった弥生前期の始まりである前７９０～７８０年頃と一致することがわかった。

豊国主尊と豊国の長の時代が一致する根拠〈２〉

〈２〉の１　『日本書紀』の神世七代《かみよななよ》

『日本書紀』において、伊弉諾尊《いざなぎのみこと》と伊弉冉尊《いざなみのみこと》が、豊葦原千五百秋瑞穂之地《とよあしはらちいおあきのみずほのち》を治めるよう天神から言い渡された時期が、紀元前７８０年以前だということがわかった。

そこでまずは、紀元前７８０年以前に現れた神世七代の神々を、『日本書紀』の本文を中心に振り返ってみよう。

第一代　国常立尊《くにのとこたちのみこと》

第二代　国狭槌尊《くにのさつちのみこと》

第三代　豊斟渟尊《とよくむぬのみこと》一書曰、豊国主尊《とよくにぬしのみこと》

第四代　男神の泥土煮尊《ういじにのみこと》と、女神の沙土煮尊《すいじにのみこと》
第五代　男神の大戸《おおと》之道尊《のぢのみこと》と、女神の大苫辺尊《おおとまべのみこと》亦曰、大戸《おおと》摩姫尊《まひめのみこと》
第六代　男神の面足尊《おもだるのみこと》と、女神の惶根尊《かしこねのみこと》
第七代　男神の伊《い》弉諾尊《ざなぎのみこと》と、女神の伊《い》弉冉尊《ざなみのみこと》

〔2〕の2　『日本書紀』の四代目から七代目の神名やエピソードにある不穏な意味合い

一代目から七代目までを眺めてみると、三代目の豊国主尊の後の四代目から七代目までの神々が、一代ごとに男神と女神の一対に大きく変化していることがわかる。

最初の男女一対の神である四代目の名は、男神が泥土煮尊《ういじにのみこと》、女神が沙土煮尊《すいじにのみこと》であるが、その漢字に注目したい。男神は「泥土」と「煮」からなり、土器を作って煮炊きする神を連想させられる。一方、女神は、砂の多い土を意味する「沙土」と「煮」からなり、「沙土」では土器を作れず煮炊きできない惨めな神を連想させられる。

五代目の女神の大戸《おおと》摩姫尊《まひめのみこと》は、唐代の日本で編纂された『日本書紀』に初めて登場する「姫《き》」の付く名である。唐土において「姫《き》」の字が含まれる人の称は、本書第5章で詳述した通り、姫《き》姓の血筋の女性であることがわかっている。また「大戸」は男性の多い集団を意味する。

六代目の男神の名は面足尊《おもだるのみこと》といい、満ち足りている面《つら》という意味である。一方、女神の名は惶《かしこ》根尊《ねのみこと》といい、妊娠に動揺させられた子宮という意味にもとれる。「根」を「妊娠した子宮」と解釈

した根拠は第9章で詳述するが、妊娠した子宮内は胎児を稔らせた木のように、へその緒（血管）がツル植物の木の如く子宮の内壁に根を張り胎盤を形成することから、そう解釈した。

七番目の男神の名は伊弉諾尊《いざなぎのみこと》といい、「伊」は『説文解字』（許慎著、後漢）によれば、殷の聖人で天下を治める者を意味する。「弉」は勢力のあるという意味。「諾」は受け入れるという意味。

一方、女神の名は伊弉冉尊《いざなみのみこと》といい、「冉」は亀の甲羅の縁に由来し、垂れ下がって弱いという意味。

しかもこの七代目の二柱の神が、「一書」において、天神から、豊葦原千五百秋瑞穂の地を治める任務を下されてからのエピソードに、中国古代の代表的な武器が登場するので引用して現代語に訳してみよう。

〈廼賜天瓊戈。於是二神、立於天上浮橋、投戈求地。〉（『日本書紀』巻一）

〈すなわち、天神から天瓊戈《あめのぬほこ》を賜う。ここにおいて二柱の神は、天上の浮橋に立ち、戈を投げ地を求めた。〉

「戈」とは、〈中国の殷・周時代から前漢時代にかけて、もっともよく使用された中国独特の武器で、〉（『改訂新版 世界大百科事典』平凡社）、〈中国古代における代表的兵器の一種。青銅製。殷代から戦国時代にかけて盛行。〉（ブリタニカ国際大百科事典 小項目事典）と言われるように、古代中国の兵器または武器である。その「戈」を、伊《い》弉諾《ざなぎのみこと》尊と伊《い》弉冉《ざなみのみこと》尊は、天神から賜ったとされる。天神は中国古代の権力者である可能性さえうかがえるのである。

このように、神世七代の神名を構成する漢字の意味やエピソードを丁寧に見ていくと、豊国主尊の後の四代目から七代目までの四代の時代は、非常に不穏な意味合いの神名やエピソードがちりばめられていたことがわかる。それはつまり、土器を作れず煮炊きできない惨めな女神が登場したり、「姫《き》」の名の付く女神がいたり、妊娠に動揺させられた子宮という意味合いの女神が現れたり、古代中国の武器をくれた天神に従う神がいたりすることである。

〔2〕の3 『日本書紀』の四代目から七代目の神を弥生時代としてシミュレーションする

そこで仮に、三代目の豊国主尊を、周公旦から討たれた豊国の長に置き換えて、さらに神世七代の四代目から六代目までを弥生早期（つまり縄文時代から弥生時代への移行時期）の歴史として、具体的にシミュレーションしてみることにする。

○三代目の時代——豊国の長が周公旦の軍に敗れた。

○四代目の時代——弥生早期、渡来系弥生人が、泥土で煮炊き用に土器を作った。一方、縄文人は生活圏を追われたため、土器に適した土地を奪われ、縄文土器を作ることができなくなった。

○五代目の時代——渡来系弥生人たち男性集団と縄文人女性との間に混血が生まれた。そして周王族・姫姓《き》の血筋の女児も生まれた。
○六代目の時代――縄文人たちは渡来系弥生人の侵入と暴行に恐れおののいた。縄文人女性が見舞われた悲劇は、渡来系弥生人の視点で言うなら、和合と言うのかもしれない。
○七代目の時代――弥生前期、周の王は、勢力を持つ渡来系弥生人男性と、弱い立場の縄文人女性とのカップルに戈を与え、豊葦原千五百秋瑞穂の地を統治させることにした。そして縄文人の水源や生活圏が奪われ、灌漑式水田稲作が勢力的に拡大していく。

あくまでこのシミュレーションは仮想の話である。想像するだけでも寒気がしてくる内容だが、〔2〕の2で紹介した、四代目から七代目までの神々の神名やエピソードが、弥生時代の考古資料を裏付けてくれる歴史背景として、現実味を帯びたのではないだろうか。

〔2〕の4　『日本書紀』の四代目の神の時代は前10世紀

『日本書紀』の四代目の男神の神名「泥土煮尊《ういじにのみこと》」から、泥土でもって煮炊き用の土器を作ることができることが連想できる。一方、女神の神名「沙土煮尊《すいじにのみこと》」からは、沙土では土器を作れず煮炊きができない状況が連想される。

しかし縄文人には縄文土器に相応しい土を選ぶ能力があったではないか。砂で煮炊き用の土器を作るという状況は、天災または侵略によって生活圏を追われたことの他には考えづらいのではないか。

そこで、縄文人の生活圏が渡来系弥生人に奪われたのではないかという先のシミュレーションが生まれたのである。

では、最古の弥生土器が作られたのは、灌漑式水田稲作の開始と同じ弥生早期だったのか。

２０２２年の国立歴史民俗博物館研究報告によれば、〈もっとも古い弥生土器である山の寺・夜臼Ｉ式土器は紀元前10世紀までさかのぼることを意味した。これはまさしく、日本の灌漑式水田稲作が紀元前10世紀に始まっていたことを示すと同時に、弥生時代のはじまりが紀元前10世紀までさかのぼることも意味していた〉（前掲論文、藤尾慎一郎、２０２２年）

この報告から、灌漑式水田稲作の始まりと弥生土器の始まりが一体だったことがわかる。つまり、泥土煮尊《ういじにのみこと》と沙土煮尊《すいじにのみこと》の二柱の神名は、紀元前10世紀の弥生早期における渡来系弥生人と縄文人の栄枯盛衰を対比する描写であったようだ。そしてその描写された地域は、弥生早期の九州北部や、山の寺式土器の名称を生んだ山の寺梶木遺跡のある長崎県を含む九州西部だったのだろう。

〔２〕の５　『日本書紀』の三代目の豊国主尊の時代は前11世紀

さてそこで、三代目の豊国主尊の時期を考察しよう。

七代目の始まりは、紀元前７８０年以前の弥生前期と考察した。六代目から四代目の神々の時代は、紀元前８００年頃から紀元前10世紀の間の弥生早期に相当すると考えられる。

そうすると、その一代前の三代目、豊国主尊の時代は、紀元前10世紀の弥生早期より前だろうということになる。また、「周公東征方鼎《しゅうこうとうせいほうてい》」に刻まれた銘文にある、周公旦が東夷の豊国の長を討ったのも紀元前10世紀より前、紀元前11世紀である。

つまり、豊国の長の時代も前11世紀であった。

では、豊国主尊の時代と東夷の豊国の長の時代が同時代だという裏付けとなる史料はあるのか、またどのような背景が考えられるのか。

倭人が姫《き》姓周王族の「太伯《たいはく》」の子孫を自称していたことが、唐代初期の『晉書』『梁書』『翰苑《かんえん》』に記録されている。さらに『日本書紀』に姫姓の血筋であるが如き「姫」の字を含む名が多数ある中で、初出は、神世七代の五代目、弥生早期の大戸摩姫尊である。三代目豊国主尊の次の次だ。

その上、「姫氏國」という倭漢通用の国号まで『日本書紀神代講述鈔』に記されている。これらの史料は、日本が周王族姫姓から侵略を受けたことを裏付けていると言えるだろう。

しかも後世に、東夷の一国の歴史を漢文で記した『日本書紀』には、渡来系弥生人の侵入によって起こった縄文人社会の衰退が、神名に込められている可能性があることがわかった。このことから、弥生開始の前10世紀に神代七代の四代目が相当することで、三代目の豊国主尊の時代が前11世紀頃である可能性が見えた。

ただ、周公旦の東征の計画に、初めから東夷の「豊国」が含まれていたのかどうかは不明である。同時に、前11世紀の周国から見て外国人の東夷族が、漢字で「豊国」と自称するはずもなく、征討後に名付けたと考えるのが自然だろう。

九州はおそらく、大陸の外国人がうらやむほど豊かな地であったに違いない。弥生時代前期の九州の遺物には、塩が生産されていた証拠が残っている。塩の他にも様々な海産物があり、湿地には鴨が群れ、清涼な湧水がそこここに溢れ、さらには温泉まで湧く温暖で豊かな地。しかも川・沼・湖にワニがいない安全な水辺。大陸からの訪問者が、この風土に魅せられないはずがない。

もし、周の王族が、資源探査の目的で九州に漂着したならば、この豊かな地を労働者ごと手に入れたくなるのは必然だろう。さらにその地を漢字で「豊国」と名付けたくなっても不思議ではない。

紀元前11世紀の周公東征方鼎に刻まれた周公東征（前1042~前1040）に九州侵略が含まれていたとするならば、『日本書紀』と弥生時代開始年代に関わる研究資料は、その侵略史の可能性を補うことができるかもしれない。

渡来系弥生人は午の刻を告げる九州の天文学的な地形を目撃したか

北緯32度25分26秒、東経131度41分17秒。そこは後に、正午の意味の「晌」の字を「日」と「向」に分解した二字の号で、「日向」の国と呼ばれることになる。

その丘陵は、大陰唇の如く豊かに盛り上がり、さらにその丘陵を左右に割るように位置する柱状岩の深い谷は、小陰唇の襞《ひだ》の如く左右にめくれ上がっている。それはまるで、陽を待ちわびるかのように天を仰いでいるようだ（画像6－4）。

満潮時には白濁した潮が、その谷を突き上げるように駆け登って丘陵を横断する。

冬至の午の刻（視太陽時の午前11時〜午後1時）が始まる時、陽光は、その巨大な陰裂の谷に忍び込み、その奥深くまでを陽光で満たす。

すると間もなく陽光はその巨大な陰裂から生まれ出で、天を西へと巡っていく。

冬至でなくとも午の刻の時間帯には、晴れていれば太陽の母と賛美したいその陰裂に陽光が入り、陽光が生まれ出ずる。何とも神々しく、非常に天文学的な光景が、九州の地形には備わっていたのである。

渡来系弥生人は、この光景を間違いなく目撃して大陸側に報告している。なぜなら、この光景を描写したと思しき神話や伝説が、中国の紀元前の思想書や地理書に残されているからである。

詳しくは第7章で紹介する。

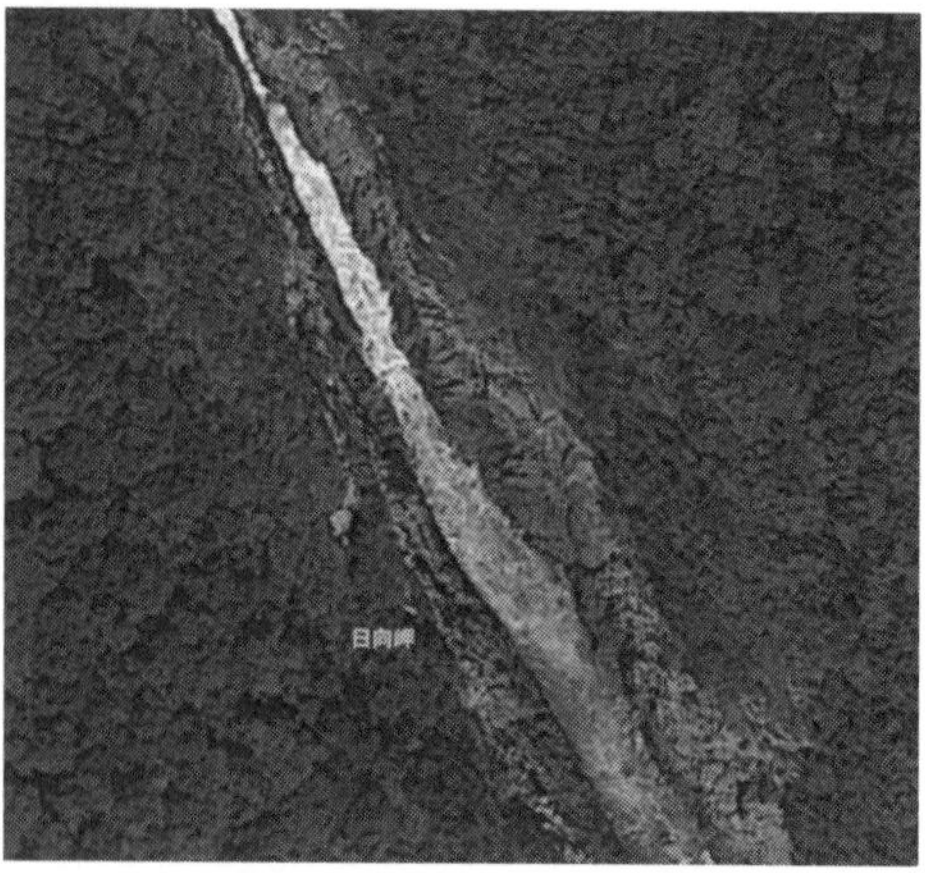

画像6－4　日向岬（Google Map）

第7章　中国神話はエジプトにまで行動半径を広げた縄文人の歴史

中国神話は今や、現代中国語や現代英語や現代日本語に翻訳されてウェブ上にアップロードされ、世界中の人々が閲覧できるようになった。しかしその翻訳は、あまりにも現実とはかけ離れている。「太古のアジア人が現実の出来事をどのように観察し、伝承してきたのか」ということを察することができないほど非現実的な内容になっているのだ。

そこで、本書では、その中国神話の根拠となった古い漢文を、当時の中国の古文書から語義を引きながら、改めて現代日本語に訳してみようと思う。そうすることで、少しでも、太古の時代のアジア人の記憶に近づけるのではないかと思うからである。

日向岬の奇跡的な地形と自然現象

東南海の外れに太陽を生んだ母「羲和《ぎわ》」の国があるという中国神話がある。その神話が書かれた史料は、日本では弥生時代に相当する時代のものも複数ある。

その年代や分野を挙げると、中国の東周代（前770〜前256）の経書をはじめ、戦国時代（前475〜前221）から漢代（前202〜220）にかけて書かれた地理書や思想書であったりする。その他、注釈書、百科事典、歴史書、文芸作品など、多岐にわたる。

次に、「羲和」の神話を記した史料のうち5点から引用し、現代語に訳して紹介する。ただ、その前に少しだけ説明しておきたいことがある。

それは、「羲和」の国の神話が、九州の宮崎県日向市《ひゅうがし》に位置する日向岬の馬ヶ背の描写であった可能性を検証しようと思うからである。そのためには、「羲和」の国の神話を紹介する前に、日向岬あたりの地理や風土を紹介しておく必要がある。そこで次に、日向岬に関係するキーワードと特色を説明する。

キーワード：日向岬の特色

「日」：日向は、『日本書紀』景行天皇17年の条によれば、景行天皇が西暦87年5月2日に子湯県《こゆのあがた》を行幸した際、東を望んで「是國也直向於日出方」（この国はまっすぐ日の出の方を向いている）と側近に言ったことから、その国を日向《ひむか》と名付けたことに由来するとされる。ただ、「日」と「向」を並べ合わせると、太陽の南中時刻の正午を意味する「晌《しょう》」という字になることにも留意しておきたい。

画像7－1　日向岬（グーグル・アースより）

「東南」：日向岬は中国からの見る位置によって、東または東南に位置する。

「海」：日向岬は、中国の東側の海岸が面している東海の外れにある九州という島の、裏側の海岸、つまり東海の外に位置する。その海水は当然ながら塩辛い。

「湯」：日向市民の目撃証言によれば、日向岬近くの海底からも温泉が湧いているため、海面に泡立っている所があるという。

「扶桑」：日向市は扶桑花（ハイビスカス）の生息域である。

「谷」：日向岬（画像7－1）は九州の東側の海岸からさらに東に突き出した岬であり、その丘陵は馬ヶ背と呼ばれている。その岬の南側の海岸からは、三条の直線状の細長い裂け目が200mから265mほど北微西方向に伸びて、入江を形成している。その3条の入江は、丘陵から深さ50m、幅10mほど

画像7－2　日向岬の馬ヶ背の柱状節理

画像7－3　木の化石（珪化木）
“QR Learning Platform - FL107 PETRIFIED WOOD FOSSIL” The Chinese Foundation Secondary School ウェブページより

の3つの谷でもある。

なお、その3つの谷のうち一番東側（7－1では一番右）の谷は、午の刻（視太陽時の午前11時～午後1時）に、北を太陽方位角0度とした太陽方位角150度～160度の太陽光が入射する角度で、日向岬の丘陵を南北に横断している。また、一番東側の谷は、満月（大潮）と新月（大潮）の日の満潮時には、日向岬の南側の海岸に打ち寄せた白波が、上り勾配の谷底を駆け登り、北側の海岸まで貫通する。台風などの高潮の日も同様である。

「巨木」「大木」：3つの谷の谷底を東西から挟んでほぼ垂直にそびえ立つ柱状節理《ちゅうじょうせつり》の断崖絶壁（画像7－2）は、樹木の化石（画像7－3）の木目《きめ》の表情に似て、巨木の化石であるかのように見える。

「産門」「産む・生む」「母」「女」：日向岬の馬ヶ背の構造を上から見ると、一番東側の谷を東西から挟んでいる柱状節理が女性の小陰唇のように見える。またそれをさらに東西から挟むように盛り上がった丘陵が大陰唇のように見える。その全体の景観は、空に向けて御開帳している巨大な女陰（産門）に見えるのである。

なお、この谷は、太陽が最も高い午の刻（視太陽時の午前11時～午後1時）に、太陽光がその女陰に似た谷に入射する。そしてその谷底は、打ち寄せた白波がその太陽光をまぶしく反射する。

太陽の母「羲和」の神話と日向岬の特色はどれだけ一致するか

さて、日向岬に関係するキーワードと特色を確認できたところで、「羲和」について語った箇所を史料から引用し、現代語に訳してみる。先述のキーワードには傍点を振ったので、日向岬の特色と照らしていこう。

〔1〕経書『尚書』－「尭典」（前772～前476）

〈乃命羲和、欽若昊天、歴象日月星辰、敬授人時〉（『尚書』－「虞書」－「尭典」前772年～前476年、底本：漢代の孔安國傳、唐代の孔穎達疏『武英殿十三經注疏』）

現代語訳

〈そして尭帝《ぎょうてい》は羲和に命じた。昊天《こうてん》天帝につつしんで従い、日月星辰の運行を暦によって推算し、民に時を教えなさい〉

昊天上帝が羲和に、日月星辰の運行を暦によって推算するように命じていることから、羲和は暦や時を司っていたことがわかる。

日向岬は、白波が岬を南北に横断する現象が、満月と新月の日の満潮を知らせてくれる。また、太陽方位角150度〜160度の太陽光が入射する谷が冬至の午の刻の始まりを知らせてくれる。

〔2〕地理書『山海經』—「海外東經」(前475〜220)

〈下有湯谷。湯谷上有扶桑、十日所浴、在黒歯北、居水中有大木、九日居下枝、一日居上枝〉(晉代の郭璞傳「山海經」—『四部叢刊』上海、商務印書館、1919年/以降、『山海經』からの引用はこれに同じ)

現代語訳

〈下方に湯谷がある。湯谷の上に扶桑があり、十日の浴《あ》みる所、黒歯《こくし》の北に在る。大木が水中にあり、九つの日は下枝にあり、一つの日は上枝にある〉

この記事から、高台から見て下方に水温の高い水のある谷があり、日はその谷に入ってお湯に接することがわかる。また、扶桑がその谷の上に位置し、大木が水中から生えている。

日向岬は、その地理書の非現実的な説明を、鮮やかに具現化して示してくれる。現在の日向岬のあたりにも、海底からお湯が湧き出しているところがあるのである。

また日向岬には、午の刻の太陽方位角を持つほの暗い深い谷があり、午の刻に日が入ると、バシャバシャと飛沫を上げる白波が日光を反射する。さらに、日向市は扶桑花の生息域であり、日向岬の海面からそびえ立つ柱状節理（画像7－2）は、大きな木の化石の木目《きめ》（画像7－3）のような表情をしているのである。

〔3〕地理書『山海經』－「大荒南經」（前475～220）

〈大荒之中、有山名曰天臺高山、海水入焉。東南海之外、甘水之間、有羲和之國。有女子名曰羲和、方浴日於甘淵。羲和者、帝俊之妻、生十日。〉（前掲書に同じ）

現代語訳

〈大自然の中に、天台高山という山があり、海水がここに流れ込む。東南の海の向こう側、タイムリーな水の狭間に羲和《ぎわ》の国はある。女子があり、名を羲和といい、あたかも太陽をタイムリーな入江に浴《あ》みさせているようだ。羲和は帝俊の妻であり、十日という日数を生んだ〉（〈甘～〉は、用例として『詩經』「小雅」－「北山之什」－「甫田」に〈甘雨〉があり、〈timely rainfall〉と英訳されることから、〈タイムリーな～〉と訳した。／〈方～〉は、『禮記正義』－「巻六檀弓上第三」に〈方謂比方也〉（方と謂うは比方なり）とあることから、〈あたかも～〉と訳した。／〈淵〉は、『中國哲學書電子化計劃』の「淵」の項の英訳に「gulf」とあるため、〈入江〉と訳した。／〈生十日〉は、郭璞《かくはく》が注釈した「生十日數十也」を参考に十日という日数と訳した）

この記事から、大自然の中に天文台の山があり、その山には海水が入り込むことがわかる。また、義和《ぎわ》の国は、中国から見て東南の海の向こう側の、タイムリーな水の狭間に位置していたことはわかるが、まったくもって意味不明な説明である。

しかし日向岬は、その意味不明な説明を、鮮やかに具現化して示してくれる。満月と新月の満潮時というタイムリーなタイミングで、海水が岬を南北に横断する谷がある。また、午の刻というタイムリーなタイミングで日が入る入江がある。まさに、海水の入り込む天文台である。

ただ、十日からは、十進法や数詞の十干《じっかん》を連想させられるのだが、九州の縄文遺跡において、縄文人の数の認知については未だ研究されていないようである。

次に、漢詩に詠まれた日向岬の義和について見ていこう。

〔4〕屈原《くつげん》（前340～前278）の詩「離騒」

〈吾令義和弭節兮、望崦嵫而勿迫〉（屈原「離騒」前漢代の劉向《りゅうきょう》編、後漢代の王逸章句『楚辭』―『四部叢刊初編』上海、商務印書館、1919年）

現代語訳

〈吾《われ》は、義和に時を止めさせよう！　太陽の沈む山の崦嵫《えんじ》を目指して行くな〉

まずは作者の背景を説明しよう。屈原《くつげん》は、愛国心の強い楚国の政治家であったが王から嫌われ、彼の外交政策は取り入れてもらえなかった。ついに楚国の首都・郢《えい》が秦軍に陥落されてしまうと、失意のうちに汨羅江《べきらこう》で石を抱いて入水自殺を遂げてしまう。前278年5月5日の出来事だった。
そんな背景の中で屈原は、進行する最悪の事態を食い止めるべく、伝説の義和に届くはずのない壮大な願いをかけた。屈原の壮大なまでの絶望感が伝わってくるフレーズである。

〔5〕杜甫《とほ》の詩『同諸公登慈恩寺塔』（752）

〈義和鞭白日、少昊行清秋〉（彭定求、他9名 輯『全唐詩』巻216、1705）

現代語訳

〈『諸公と同じく慈恩寺の塔に登って』〉
〈太陽の運行を司る義和は白日に鞭打ち、秋を司る神の少昊《しょうこう》は清平《せいへい》な秋を見回る〉

その詩のフレーズから、日本の奈良時代に、唐の有名な詩人の杜甫（712〜770）が自国の状況を嘆きつつも、義和を讃えていた心情がうかがえる。

日向岬こそは義和の国であった可能性が高い

〔1〕から〔5〕の史料のうち、義和の国の地理を記した〔2〕と〔3〕の『山海經』を見ると、義和の国は日向岬あたりにあった可能性が非常に高く、また日向岬そのものが義和であった可能性

さえある。日向岬は、日を生んだという謂《いわ》れにふさわしい巨大な女陰の外観を持ち、海底から湯が湧き上がり、扶桑花の生息域であった。また海中から巨木の化石がそびえ立っているように見える柱状節理があるからである。

さらに、午の刻に陽光が入る谷があり、その谷には満月と新月の日の満潮に呼応する現象がある。つまり、天体の運行周期を示す巨大な時計や潮汐の目印が、日向岬の地形には備わっている。まさに、〔1〕の『尚書』が言うように、伝説の昊天上帝から〈日月星辰の運行を暦によって推算し、民に時を教えなさい〉と命じられるにふさわしい神々しい地形である。

このことを真摯に受け止めるなら、日向岬の非常に特殊でまれな地形やそのあたりの海洋から、まさに**そこが神話として中国に伝えられた羲和の国であり、天台の聖地であった可能性**から逃れようがないと言えそうだ。

ただ、羲和の国の地理書での不思議な説明が、日向岬の特徴によってここまで具現化されてしまうと、その地理書に記された「十日」という表現の元になったと考えられる十進法などの発明の痕跡も、日向岬や九州に眠っている可能性に期待したくなる。

そして〔4〕と〔5〕の詩から、羲和は、少なくとも唐代までの漢人にとって、時を司る、とてつもなくパワフルで、頼りがいのある、神聖な存在であったことがうかがえる。

仮に、羲和を神聖視する人々が、海を渡って羲和の国を見つけることができたとしたら、見つけたことを公表するだろうか。聖地は、他の人がその国を欲しがらないように秘密にして、占有しておきたいのではないだろうか。

例えば、「馬ヶ背《うまがせ》」という日向岬の愛称は、午の刻を示す入江の「午ヶ瀬《うまがせ》」を秘すために、漢字をすり替えたように見える。また、日向国という国号も、その地が「晌《しょう》」（正午）を予告する天台の聖地であったことを隠すために、漢字を「日」と「向」に分解したようにも思える。

少昊（少皞）は中国五帝の一人に数えられる帝王

中国古代の聖君とされる五帝の一人に、少昊《しょうこう》（少皞《しょうこう》）がいる。しかもその少昊（少皞）の国は、羲和《ぎわ》の国の「甘水」（タイムリーな水）の出る「甘淵」（タイムリーな入江）にあったという。

まず、少昊（少皞）が、どのような史料に、何番目の帝王として掲載されているのか、紹介しておこう。ただし、少昊を中国五帝に含まない史料は複数ある。


『呂氏春秋』秦代の前239年、呂不韋《りよふい》（?～前235）編の雑家書《ざつか》
①太皞《たいこう》（伏羲《ふくぎ》）→②炎帝→③黄帝→❹少皞（少昊）→⑤顓頊《せんぎょく》
『禮記』前漢代、戴聖《たいせい》編の儒家の経書
①大皞（伏羲）→②炎帝→③黄帝→❹少皞（少昊）→⑤顓頊
『淮南子《えなんじ》』前漢代、淮南王劉安《りゅうあん》（前179～前122）撰の哲学書

①太皞（伏羲）→②炎帝→③黄帝→❹少昊→⑤顓頊

『尚書序』前漢代、孔安国著の経書

❶少昊→②顓頊→③高辛（帝嚳《ていこく》）→④唐（尭《ぎょう》）→⑤虞《ぐ》（舜《しゅん》）

『資治通鑑外紀』北宋代、劉恕《りゅうじょ》（1032~1078）著の歴史書

①黄帝→❷少昊（少皞）→③高陽（顓頊）→④高辛（帝嚳）→⑤陶唐（尭）

こうして一覧にして眺めてみると、少昊（少皞）は、漢民族の歴史認識の中で、人類史のはじめの方に位置した帝王であり、さらには五帝のうちでも初代帝王に据える経書まであることがわかる。

少昊の国も日向岬にあった

さて次に、少昊《しょうこう》（少皞《しょうこう》）の国は、どこに位置していたのか。それが説明された地理書『山海經』―「大荒東經」から引用して和訳する。

『山海經』―「大荒東經」（前475~220）

〈東海之外大壑、少昊之國。少昊孺帝顓頊於此、棄其琴瑟。有甘山者、甘水出焉、生甘淵〉（晉代の郭璞傳「山海經」―『四部叢刊』上海、商務印書館、1919年）

現代語訳

〈東の海の向こう側に大きな溝があり、それが少昊の国である。少昊はここで帝・顓頊《せんぎょく》を育て、帝・顓頊の琴瑟《きんしつ》を置き忘れてしまった。タイムリーな山があるというのは、タイムリーなタイミングでここに水が出て、タイムリーな入江を成すことである〉

驚いたことに、ここでも、羲和《ぎわ》の国の独特な地理的条件に起こる現象を表した〈甘水〉〈甘淵〉という言葉が使われている。山や谷や入江といった、どこにでもあるものではない。「甘」は「タイムリーな」という意味であり、〈甘水〉や〈甘淵〉はタイムリーな現象を表している。

しかも、少昊の国の説明では、羲和の国の説明に加えて、〈甘山〉からタイムリーなタイミングでここに水が出るというのである。日向岬でも、岬の丘陵の深い溝のような谷の南側から水が入り、北側に抜けて水が出る現象が、新月と満月の日の満潮時に起こる。

これはまさに日向岬のことであろうと断言したいところだが、方角の表現が、羲和の国とは異なるのである。

羲和の国が中国から見て〈東南海之外〉であるのに対し、少昊の国は〈東海之外〉である。東は東でも、東南と東では大きく違う。どう理解したらよいのだろうか。日向岬のような所が他にあるというのだろうか。

そこで、方位を確認するために、1389年に作成されたという説のある東アジア最古の世界地

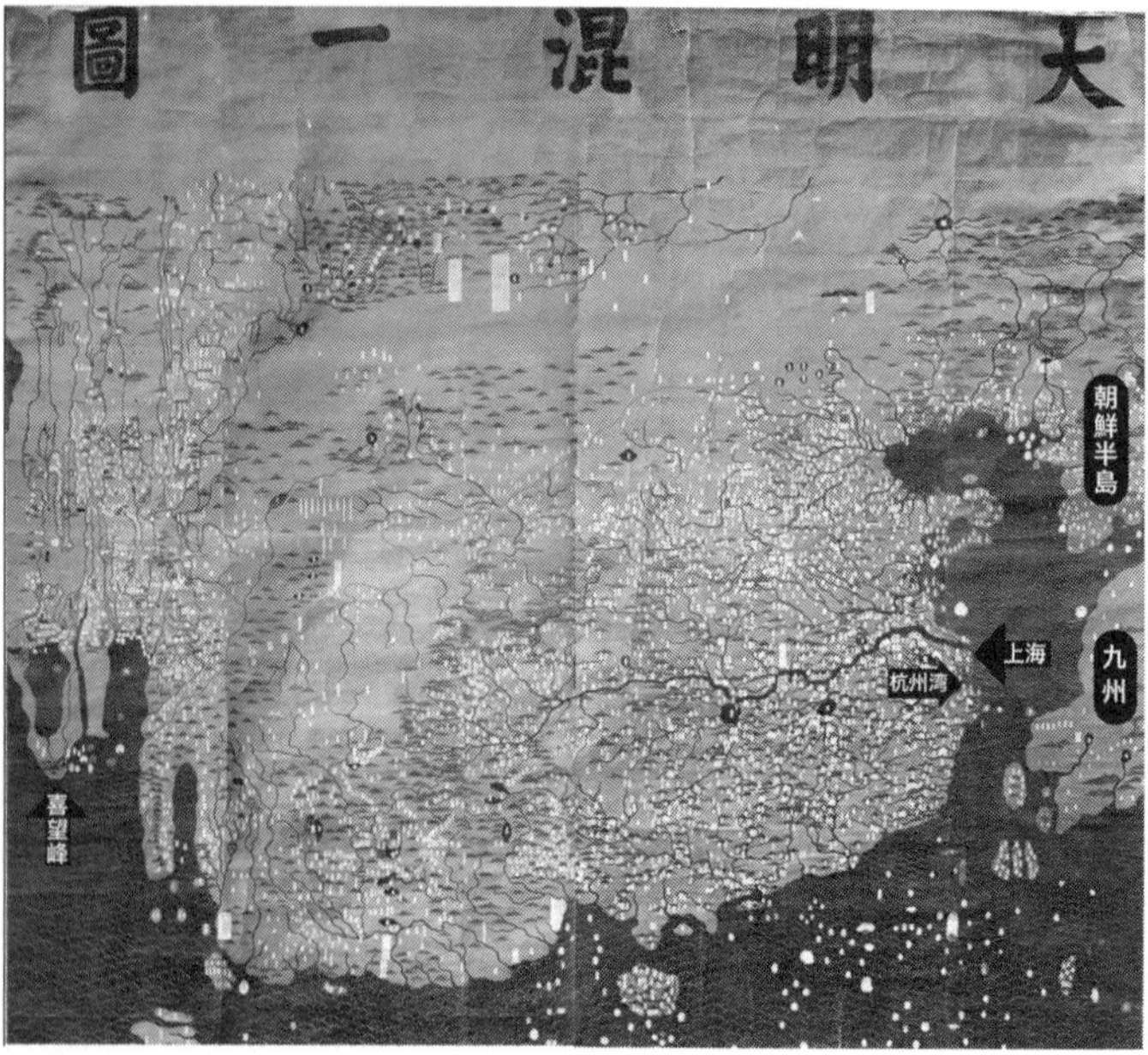

画像7－4　『大明混一圖』（地図中の黒ベタ丸に白抜き文字、および黒ベタ矢印に白抜き文字は筆者による加筆）

図『大明混一圖《だいみんこんいつず》』（画像7－4）を見て、明代の漢民族の方位認識を確認してみよう。

まずは、『大明混一圖』の西端の下方、つまりその南端を見てみよう。そこにはアフリカ大陸の喜望峰が描かれている。縮尺や経緯度の認識を欠いたお粗末な地図に見えるが、西洋の地図にアフリカ大陸が喜望峰まで描かれるようになる100年も前の地図であることから、漢民族が西洋人よりも早くにアフリカ大陸の喜望峰を認識していたことがうかがえる。

また、日本列島の九州と中国の位置関係も、現代の地図と比較すると、甚だしく異なっていることがわかる。

『山海經』が編纂された中国の戦国時代（前475〜前221）の漢字文化圏の海岸線上での最南端は、杭州湾の少し南に位置する。しかし、九州の最南端は、そこよりもかなり南まで伸びており、しかも九州が巨大に描かれ、東側も北側も描かれてはいない。

一方、現代の地図によれば、九州の最南端は北緯約31度、また、杭州湾の少し南に位置する戦国時代の漢字文化圏の海岸線上の最南端は北緯約29度であり、大きな差はないことがわかる。

このように、経緯度の知識がない時代の明代の地図を確認してみると、明代に至るまでの漢民族の地理感覚や方位認識を推し量ることができる。

例えば、『大明混一圖』に描かれていない九州の東側に位置する日向岬は、中国の戦国時代の漢字文化圏の人々にとって、東でもあり、東南でもあることがわかる。つまり、『山海經』に書かれた少昊の国は、〈東海之外〉（東の海の向こう側）という表現でも、あるいは〈東南海之外〉（東南の海の向こう側）という表現でも、間違いではないのである。

したがって、中国五帝の一人に数えられる少昊の国は、羲和の国と同じ日向岬であったと考えることができるだろう。

少昊は世界を放浪した

実は、少昊《しょうこう》の国は、少昊の生涯に渡る居所だったわけではない。引き続き、地理書『山海經』

の中を追跡して見てみよう。

『山海經』－「海内經」（前475～220）

〈少皞生般、般是始為弓矢〉（前掲書に同じ）

現代語訳

〈少皞（少昊）は般《はん》を生み、般は弓矢を始めた〉

『山海經』－「大荒南經」（前475～220）

〈有襄山。又有重陰之山。有人食獸、曰季釐。帝俊生季釐、故曰季釐之國。有緡淵。少昊生倍伐、倍伐降處緡淵。有水四方、名曰俊壇〉（前掲書に同じ）

現代語訳

〈襄山《じょうさん》という山がある。さらに重陰《ちょういん》という山がある。獣を食べる人がおり、名を季釐《きりん》という。帝俊は季釐を生み、そのため季釐国という。緡淵《つりいとのふち》があった。少昊は倍伐《ばいばつ》を生み、倍伐は緡淵に降りて住んだ。四角形の水（四角錐の水晶か？）があり、それを俊帝の祭壇という〉

『山海經』－「西山經」（前475～前220）

〈又西二百里、曰長留之山、其神白帝少昊居之。其獸皆文尾、其鳥皆文首、是多文玉石。實惟員神

䰟氏之宮。是神也、主司反景〉（前掲書に同じ）

現代語訳

〈さらに西へ二百里、長留《ながる》という山があり、その神である白帝の少昊がここに住んでいる。その山の獣《けだもの》の尾と鳥の頭部には模様があり、色とりどりの模様の玉石がたくさんある。確かに神話に登場する䰟《かい》（石の山の意味）氏の宮殿があった。これは神であり、夕焼けを主管している〉

このように、方位ごとに分類された『山海經』の経を見ていくと、いろんな方位に少昊の足跡があることがわかる。「大荒南經」は羲和の国についての記載もある経であり、「海内經」は東海のうち、「西山經」では内陸の西方面に少昊の居所があったことがわかる。

しかも白帝は、日本でも、〈五行説で、白を西・秋にあてるところから、西方の神。秋をつかさどる神〉（『デジタル大辞泉』小学館）として知られている。

つまり、少昊という人物は、日向岬を少昊の国としながらも、その国から出て旅をしながら子を作り、西方に落ち着いた人物と見た方がよさそうだ。

少昊は水晶と金を採掘し鉱業を起こした

少昊《しょうこう》の国は、時を司る羲和《ぎわ》の国だったと考えられる日向岬だった。しかし少昊の足跡は、内陸の西方面にも残っている。いったいなぜ少昊は、聖君と評価されて五帝の一人に数えられるようになったのか。もう少し史料を覗いてみよう。

『尸子《しし》』（前4世紀）

〈『尸子』曰：日五色、至陽之精、象君徳也。五色照耀、君乘土而王。又曰：少昊金天氏邑於窮桑、日五色、互照窮桑〉（李昉《りぼう》、他12人の編『太平御覧《たいへいぎょらん》』「天部三」、983年、―中華民國の張元濟等輯『四部叢刊三編』上海、商務印書館、1935、1936）

現代語訳

〈尸佼《しこう》（前390～前330）撰『尸子《しし》』曰く、日光は五色、陽の本質に行き着く。君徳のようだ。5色に照り輝き、君主は、木乗土《もくじょうど》（木剋土《もっこくど》）の木の如く土から養分を吸い取って、王となる。また別の説では、少昊である金天氏は、遠く離れた桑という意味を持つ地名の窮桑《きゅうそう》で築城すると、日光の五色が、窮桑をかわるがわるに照らした〉

この『尸子《しし》』から、少昊は、日光が可視光の分光で構成されていると考えていたことが察せられる。透明度の低いガラス器しかなかった新石器時代、分光を観察できたプリズムは、六角柱の水晶の結晶、または研磨した水晶だったのではないかと考えられる。

それがさらに、四角錐（ピラミッド型）の水晶であったとしたら、先の『山海經』―「大荒南經」

に、〈水四方〉と記された俊帝（天帝）の祭壇と呼ばれるにふさわしいだろう。いずれにしても少昊は、土から養分を吸い取るが如く、水晶を鉱脈から採掘していたであろうことが推察できる。

また、少昊には金天氏という号があった。もしかして彼は、金も採掘していたのだろうか。次の史料『漢書』を見てみよう。

『漢書』（82年頃）

〈少昊帝。（中略）土生金、故為金徳、天下號曰金天氏〉（班固《はんこ》（32〜92）撰『漢書』「巻二十一下・律歴誌第一下」、82年頃）

現代語訳

〈少昊帝。（中略）土は金を生じる、ゆえに金徳を成し、世間は名付けて金天氏という〉

この『漢書』から、少昊《しょうこう》が金天氏と号された所以は、どうも、土から金を採掘していたからであろうということがうかがえる。つまり、金を採掘して錬金する技術を開発し、さらには黄金の服飾を身につけ、黄金の調度品を使っていたであろうと考えられるのだ。

ちなみに中国では、金箔の仮面が、殷朝（約前1600〜前1046）・周朝（西周・約前1046〜前771）代の三星堆遺跡《さんせいたいいせき》（四川省徳陽市広漢市）の遺構から出土している。しかし、五帝の一人である少昊は、殷朝や周朝の国王よりももっと古い帝王ということになっているので、その遺構の主には当たらないことは確かだ。

ここまでの史料から、少昊が聖君として中国五帝に数えられる理由と考えられることは二つあった。一つは、水晶を採掘し、それを使って日光の分光を発見した人物である可能性。もう一つは黄金を採掘し、錬金して加工し、身につけていた人物である可能性である。

はたしてそんな帝王が、殷朝よりも夏朝（前2070〜前1600）よりも前の中国にいたのだろうか。白帝少昊は、西の神であり、その居所は、内陸の西方面の風土や地政が説明された「西山経」に書いてある。

確かに、西方の遥か彼方には、紀元前4000年紀から金の工芸品の製造が始まり、黄金が豊富に産出した古代エジプトがある。

東アジア女性の面立ちをした古代エジプトのファラオ

少昊《しょうこう》が古代エジプトを訪れた可能性を検証するのは、さすがに荒唐無稽というものだろう。ただ、捨て置けないファラオの彫像がある。

東アジアの女性のような面立ちに作られた女帝ハトシェプスト（前1507〜前1458）の像（画像7－5）である。平面的な顔の骨格が東アジア人のように見える。そう見える要因は、特に、鼻の形に注目すると、眉骨や眉間、目と目の間の鼻根《びこん》が西洋人やアラビア人よりも低く、左右の鼻《び》翼《よく》（小鼻）の張り出し具合もアフリカ人のそれよりもかなり小さいからだろう。

しかも、この彫像は非常に写実的な彫刻である。そのため、東アジアの女性を見たことがなければアフリカでは作れない作品であることが想像できる。生前の面影が偲ばれる作品と言える。

画像7－5　ハトシェプスト像

ただし、ハトシェプストの生きた時代は、中国なら殷王朝時代に相当する新王国時代である。つまり彼女は少昊ではない。しかしハトシェプストの彫像からは、彼女の治世に至るまでに東アジア顔の人々が、エジプトあるいはその周辺に居住し、脈々と命をつないできた可能性が想像できる。だからこそ、東アジア顔の遺伝的形質を保持した女性が、新王国時代に王位に就くに至った経緯が推察できる。

ちなみに、ハトシェプストの父であるトトメス1世のミイラの頭蓋骨の骨格は、筆者が生前の面立ちをシミュレーションしてみたところ、日本人が言うところの鼻は高い、しかし眉骨や眉間、鼻根は西洋人やアラビア人のように高くはない。例えるなら、評論家の竹田恒泰氏の面立ちに似ているようだ。しかもトトメス1世の父は誰なのか不明とされているのである。

つまり、東アジア顔のハトシェプストの彫像は、少昊たち一行がエジプトか、あるいはその周辺を訪れ、その子孫が後にファラオになった可能性を想像させられる史料である。

少昊の子孫が中国で巨大ピラミッドを造った

また、少昊とエジプト文明とのつながりを感じさせられる建造物が中国に残っている。順を追って説明する。

まず、少昊の姓は嬴《えい》である（後漢代の許慎《きょしん》著『説問解字』―「女部」121年）。

次に、その嬴《えい》姓の子孫には、秦始皇帝がいる（前漢代の揚雄《ようゆう》［前53年－18年］『法言』巻十）。

そして、秦始皇帝が、生前から、中国初の、巨大なピラミッド（画像7－6）の陵墓を西安市に建設している。陝西省地方誌弁公室のウェブページによれば、

〈現存する底辺の長さは、南北が約350m、東西が約345m。また現存の高さは、測り方によって35・5m（中略）、76mと様々である〉*という。

エジプトのギザのクフ王のピラミッド（四角錐）の底辺は一辺が約230mなので、秦始皇帝の陵墓の底面の方が大きいことになる。しかし現存する高さは約139mのクフ王のピラミッドの方が高い。

画像7－6　秦始皇帝陵

＊「秦始皇陵建築概況」陝西省地方誌弁公室、２００９年１月４日 http://dfz.shaanxi.gov.cn/sxts/msgj/201610/t20161020_676059.html

さらに、その秦始皇帝のピラミッド型の陵墓に呼応して少昊陵を封冢《ほうちょう》（墓に追封すること）するかのように、宋代から清代にかけて[*1]ピラミッド型の少昊陵（山東省濟寧市）が建立されている。その少昊陵は、「東方金字塔[*2]」（東方ピラミッド）とも呼ばれている。

＊１「濟寧市全国重点文物保護単位之三十八少昊陵及景霊宮遺址」濟寧市文化和旅遊局、２０２０年４月26日 http://whlyj.jining.gov.cn/art/2020/4/26/art_70690_2706028.html

＊２「濟寧市概況」山東省政協文史館、２０２２年４月18日 http://www.sdzx.gov.cn/sdszxwsg/articles/ch00940/202204/b7e93aca-ccf4-4390-9072-4e6887251ba9.shtml

つまり、宋代から清代の漢民族は、少昊をエジプト文明に関与した人物として認識していた可能性が推し量れるのである。

少昊は日向岬からエジプトにたどり着いた

ここまで、中国語史料を注釈してみてはっきり言えることは、漢民族の歴史というのは、先祖が何をしてきたかをさかのぼった「人の歴史」であって、中国領内の「土の歴史」ではなかったということである。つまり、「人の歴史」には、先祖が、現在の国際社会の国境をいくらでも越えて、移動しながら成し遂げてきた偉業が紡がれているのである。

しかし「人の歴史」は、領土という観点から見る国際社会の歴史認識においては、脅威となる可能性のあるデリケートな歴史観だろう。そのせいなのか、現代中国における古代の史料の注釈やその関係地の想定は、すべて国内に収められて萎縮してしまっているように見える。

それにしても、時代としては縄文時代であったのだろう少昊の歴史は、あまりにも壮大な「人の歴史」である。つまり、時を測ることを知っていた日向岬を自国とする縄文人は、鉱物の利用にも長け、エジプトにまで旅をして、その子孫がエジプト文明に何らかの影響を及ぼしたかもしれないという信じがたい話である。

ただ、なぜかその話は、筆者の心に、辻褄が合った時のような安堵感を与えてくれる。それは、縄文時代は壮大な文明としての側面が、琉球古陸の水没や巨大火山噴火の火山灰によって埋没しているのではないかと考えてきたからである。

中国三皇の筆頭に挙げられる伏羲

中国古代の伝説上の三皇五帝の三皇や五帝の筆頭に挙げられる人物に太昊《たいこう》（太皞または大皞《たいこう》）伏《ふく》羲《ぎ》がおり、特に留意したいのは、彼が東方の天帝といわれていることである。その号は、庖犧《ほうぎ》、宓《ふく》犧《ぎ》、伏戯《ふくぎ》、虙戯《ふくぎ》とも書く。

次に、伏羲《ふくぎ》が東方の天帝といわれる根拠となる史料を引用して現代語に訳す。

『通典』（801）

〈周制、月令（中略）配以五人帝。：太昊配青帝、炎帝配赤帝、軒轅配黄帝、少昊配白帝、顓頊配黒帝〉（唐代の杜佑《とゆう》撰『通典』―「禮三」―「郊天下」801）

現代語訳

〈周の制度『礼記』―「月令」（中略）五人の帝を以て配するとは、祭祀上、太昊は青帝として、炎帝は赤帝として、軒轅《けんえん》は黄帝として、少昊《しょうこう》は白帝として、顓頊《せんぎょく》は黒帝として祀る〉

この史料から、太昊伏羲は、青帝と称されることがわかる。

『後漢書』（432）

〈立春之日、迎春于東郊、祭青帝句芒〉（南朝宋代の范曄《はんよう》［398～445］撰『後漢書』―「志」―「祭祀中」432）

現代語訳

〈立春の日、春を迎え、東の郊外に青帝と句芒《こうぼう》を祭る〉

この史料から、太昊伏羲である青帝が、東の郊外で祀られる東方の天帝であることがわかる。

伏羲の母は雷沢で巨人の足跡を踏んで懐妊した

次に、太昊伏羲《たいこうふくぎ》の母が巨人の足跡を踏んで懐妊したという伝説があるので、その場所が、鹿児島県の鬼界《きかい》カルデラである可能性を検証する。

まず、伏羲の母が巨人の足跡を踏んで懐妊したという伝説が書かれた史料を引用して、現代語に訳す。

『三皇本紀』（盛唐期）

〈太皞、庖犧氏、風姓、代燧人氏、繼天而王。母曰華胥、履大人跡於雷澤、而生庖犧於成紀。蛇身人首、有聖德〉（司馬貞《しばてい》［679～732］『史記索隠《さくいん》』巻三十「三皇本紀」）

現代語訳

〈庖犧《ほうぎ》（伏羲）氏であり風姓である太皞《たいこう》（太昊）は、燧人《すいじん》氏に代わって天を継ぎ王となった。母は華胥《かしょ》（昼寝の意味）といい、雷沢《らいたく》で巨人の足跡を踏み、成紀（帝王の事跡を記した紀を成すの意味）で庖犧を生んだ。体が蛇で頭部が人、聖人としての道徳があった〉

続いて、雷沢のおおよその海域がわかる史料を紹介する。

『山海經』―「海内東經」（前475〜220）

〈雷澤中有雷神、龍身而人頭、鼓其腹。在呉西〉（前掲書に同じ）

現代語訳

〈雷沢の中に雷神があり、体は龍で頭部が人、その腹は鼓である。「海外東經」に記された天呉が住む朝日の谷の西に位置する〉

これらの二つの史料から、庖犧《ほうぎ》（伏羲《ふくぎ》）の母が懐妊した場所は、東の海の外（太平洋）に位置する朝日の谷を基点にすると、それよりも西に位置し、雷鳴が轟き、巨人の足跡のような地形の沢、つまり巨大な水溜まりであったことがわかる。

火山雷を伴う巨人の足跡のような九州の鬼界カルデラ

その地形を現実的に解釈するなら、カルデラか何かだろうか。活火山を含むカルデラなら、火山《かざん》雷《らい》（画像7―7*）も見えただろう。

＊"Volcanic Lightning: The Science Behind This Spectacular Phenomenon" SciTechDaily MAY 9, 2022 https://scitechdaily.com/volcanic-lightning-the-science-behind-this-spectacular-phenomenon/

そんなカルデラが、太平洋側よりも西の、東シナ海にある。九州の薩摩半島から50㎞南に位置し、カルデラのサイズは東西に約20㎞、南北に約17㎞、巨大な怪物の足跡のような形に海底に沈み込んだ鬼界《きかい》カルデラ（画像7－8＊）である。

＊「鹿児島県 三島村・鬼界カルデラパーク」日本ジオパークネットワークウェブページ（三島村ジオパーク推進連絡協議会）https://geopark.jp/geopark/mishima/

この鬼界カルデラでは、縄文早期に相当する7300年前に、超巨大噴火が起きたことがわかっている。また、その超巨大噴火では、〈火砕流が海を越えて、薩摩半島や大隅半島にまで達し、その地域の生物と縄文文化が壊滅しました。また、成層圏まで上昇した噴煙により、火山灰が偏西風に運ばれて東北地方にまで降り積もりました。＊〉という。

画像7－7　火山雷

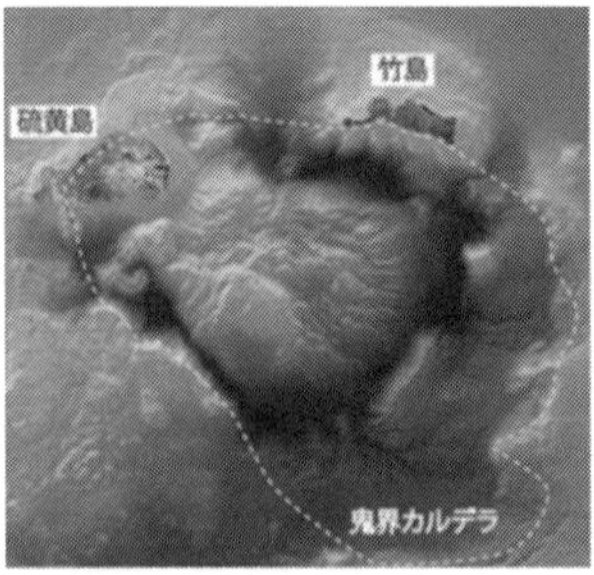

画像7－8　鬼界カルデラの輪郭

*「鬼界カルデラ総合調査」国立研究開発法人海洋研究開発機構ウェブページ

さらに、その超巨大噴火以降も、鬼界カルデラ北西端に位置する薩摩硫黄島の噴火は、縄文前期から弥生時代にかけて少なくとも7回はあったという*。

*「火山別噴火履歴表示：薩摩硫黄島」国立研究開発法人 産業技術総合研究所 地質調査総合センター https://gbank.gsj.jp/volcano/cgi-bin/volcanic.cgi?id=091

このことから、縄文早期に、日本列島が、鹿児島の南を中心に天地がひっくり返るような大災害に見舞われたことがわかる。それ以降も弥生時代にかけて、鬼界カルデラに火山雷が見えたであろうことがうかがえる。

縄文晩期〜弥生時代の鬼界カルデラの海も巨人の足跡のように見えたか？

では、鬼界カルデラの位置する鹿児島県の南の海の地形は、縄文時代や弥生時代に、どのくらい露出していたのか、あるいは海底に沈んでいたのか。鬼界カルデラが、巨人の足跡に見えたか否かを知るには、海面が高くなる「海進」と海面が低くなる「海退」の変遷を知っておく必要があるだろう。

東京湾の西側の海岸の変遷をたどった情報によれば、〈縄文晩期から弥生時代には、海面は現在と同じか若干低下した位置にあったようです〉*という。

＊深草正博「縄文海進について」2011年11月1日、NPO法人国際環境経済研究所ウェブページ

つまり、現代の私たちが見ることのできる鬼海カルデラ周辺の、深さによって異なる海の色の表情は、弥生時代の人が見た景色と同様だったということになりそうだ。

ということは、弥生時代の人が、鬼界カルデラ（画像7－8）の中の北西端に位置する標高704mの薩摩硫黄島硫黄岳に登って海を見下ろしたなら、深い海の色が巨大な左足の輪郭や指の跡のように見えただろう。また浅瀬が足の甲のように見えたに違いない。

伏羲の両親が九州あたりの縄文人だった可能性

したがって、伏羲《ふくぎ》の母が巨人の足跡を踏んで懐妊したという伝説の雷沢《らいたく》は、太平洋よりも少しだけ西に位置する東シナ海の鬼海カルデラであった可能性が非常に高いと言えそうだ。このことから、伏羲の母と父が九州あたりの縄文人であった可能性も非常に高いと言える。

伏羲は琴・八卦・魚網の発明者

次に、中国古代の伝説の三皇や五帝の筆頭に挙げられる伏羲も、縄文人であった可能性について検証したいのだが、伏羲が発明したものが、中国よりも古い年代の遺跡から出土していれば、それを論証することができるだろう。

伏羲の発明には、琴と八卦と魚網があるとされている。まずは、その発明について記された史料から引用して現代語に訳そう。

琴の発明―『琴操《きんそう》』（後漢代）

〈昔伏羲氏作琴〉（後漢の蔡邕《さいよう》［133～192］『琴操』「序首」）

現代語訳

〈昔、伏羲氏が琴を作った〉

この史料から、伏羲が琴を発明したことがわかる。

八卦の発明―『史記』（前91年頃）

〈伏羲作八卦〉（司馬遷『史記』―「日者列傳」前91年頃）

現代語訳

〈伏羲が八卦を作った〉

この史料から、伏羲が八卦を発明したことがわかる。八卦については、次の史料の現代語訳で説明する。

漁網の発明―『周易』（周代）

〈古者包犧氏之王天下也、仰則觀象於天、俯則觀法於地、觀鳥獸之文、與地之宜、近取諸身、遠取諸物、於是始作八卦、以通神明之德、以類萬物之情。作結縄而為罔罟、以佃以漁、蓋取諸離〉（『周易』―「繋辭《けいじ》下」周代）

現代語訳

〈古は、庖犧《ほうぎ》（伏羲）氏の王の天下である。上を向いては則ち天の現象を観測し、下を向いては則ち地上の法則を観測し、鳥獣の生態と地の状態を観察し、近くは身体において探求し、遠くは物において探求し、これにおいて初めて八卦を作った。よって神明の徳を理解し、よって万物の性質を分類した。結縄文字を作って魚網に代え、よって漁をして魚を取った。まさしく、六十四卦のうちの「䷝離」が意味するところの「利貞《りてい》」（利の正しさ）を探究することである〉

この史料から、伏羲が八卦と魚網を発明したことがわかる。

このように、琴と八卦と魚網が伏羲の発明であることは史料で確認できる。したがって、縄文時代の遺跡から、伏羲の発明のいずれか一つでも出土していれば、伏羲は縄文人だったことになるのかもしれない。しかし、そのいずれも出土してはいないのである。

伏羲が縄文人である証拠が縄文遺跡から出土した

ところが、魚網《ぎょもう》があったことを証明してくれる石錘《せきすい》が出土しているのである。

ただし、魚網自体が出土しているわけではない。なぜなら魚網は植物繊維でできているため、何千年もの間保存されることは難しいからである。

まず、魚網にはなぜ、石錘などの錘《おもり》が必要なのかを説明しておこう。例えば「刺し網漁」の場合、魚が網目に刺さって逃げられないようにする網を、水中ですだれのように垂らしておくために、錘が必要なのである。

海でも川でも水流がある。魚網が水流でめくれ上がらないように、魚網の裾に一列に並ぶようにして、いくつも錘をつけておかなければならない。

また、「地曳網《じびきあみ》」や「仕掛け網」にも、網が浮き上がらないように錘が必要である。そうした魚網に取り付ける石で作られた錘が、縄文時代の遺跡から多数出土しているのである。

例えば、青森県下北郡東通村にある縄文時代早期中葉（約1万～8500年前）の下田代納屋《しもたしろなや》遺

画像7－9　下田代納屋遺跡から出土した石錘

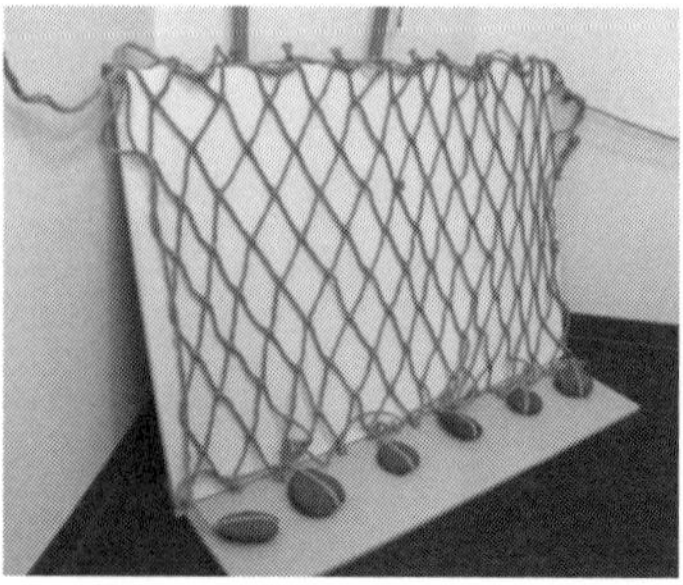

画像7－10　石錘を取り付けた魚網の例

跡からは、52点の石錘（画像7－9、画像7－10）が出土している。

〈石錘《せきすい》は、大きさ5～10㎝の扁平《へんぺい》な楕円形や円形の石の両端をえぐるように加工された石器である。重さは160～200g前後。主に縄文時代早期の遺跡からまとまって出土するのが特徴。（中略）下田代納屋遺跡は太平洋に面した砂丘地帯にあり、海までは直線で約400m〉（「ふるさとの物語 第111回 石錘 縄文時代の漁具か」『青森県立郷土館ニュース』2019年5月30日付より引用。画像7－9と画像7－10もこのウェブサイトより引用した。https://kyodokan.exblog.jp/30383724/)

このことから、縄文時代早期中葉（約1万～8500年前）には、中国から見て東の海とその外との境界線に位置する日本列島で、魚網が作られ、使用されていたことがわかる。

では、中国ではどうなのだろうか。それ以前の遺跡から、石錘は出土しているのだろうか。

石錘は中国語で「石網墜《せきこうつい》」と書く。ウェブ検索したところ、ミャンマーとラオスに接する雲南省西雙版納《シーサンパンナ》傣《タイ》族自治州の曼蚌囡《まんぼうなん》遺跡から、「石網墜《せきこうつい》」が出土していることが、雲南省博物館のウェブページ*1に掲載されている。

ただし、この曼蚌囡遺跡は中国の新石器時代晩期（5000〜3500年前）のものであることが、『中国百科全書 第三版ウェブ版』*2で説明されている。

＊1「石网坠」雲南省博物館 https://www.ynmuseum.org/detail/1466.html

＊2 李昆声「远古至战国时期的云南」『中国百科全書 第三版ウェブ版』2022年12月10日更新 https://www.zgbk.com/ecph/words?SiteID=1&ID=638606&Type=bkztb&SubID=698

なお、1万年前の陶網墜《とうこうつい》（土器の錘）が香炉山遺跡から出土した旨が、武漢市農業農村局ウェブページ*に掲載されている。しかし、香炉山遺跡は中国新石器時代晩期（5500〜4000年前）の遺跡である。

＊武漢市農業農村局「涨知识！去看不一样的长江禁渔科普展」2021年4月12日 https://nyncj.wuhan.gov.cn/xwzx_25/whsn/202104/t20210412_1665696.html

つまり、香炉山遺跡から出土した陶網墜は、1万年前のものではなく、5500〜4000年前に魚網と共に使われていたことになる。

こうして広報資料を日本と中国とで比較することで、魚網の存在の証となる錘は、約1万〜85

00年前に使われていた日本の石錘の方が古いことがわかった。つまり、日本の方が中国よりも古くから魚網を使用していたということになる。

さて、石錘の最古の出土が縄文遺跡であることから、魚網の発明者である伏羲は縄文人だったと言い切っていいのだろうか。もしかして、日本列島での魚網の使用開始状況は知られておらず、中国で初めて魚網を作ったのが伏羲だったということなのだろうか。

では、紀元前の中国側が収集していた国外の情報の範囲を振り返ってみよう。

前475~220年に編纂された『山海經』「海内東經」に記された雷沢、すなわち伏羲の母が懐妊した場所は、東海の内でありながら、「海外東經」に記された東海の外の朝日の谷の西側に位置することから、太平洋に近接した東シナ海に位置する鬼界カルデラと推定した。つまり、紀元前の中国側の情報の範囲は、縄文人の生活圏にまで及んでいたと言える。

さらに、伏羲の母はその雷沢で懐妊したというからには、伏羲の父は、母の卵子と受精できる精子を有する人類ということになる。すなわち伏羲の両親は、双方とも縄文人ということになるのである。そうなると、縄文人の子である伏羲が魚網の発明者と讃えられる限りは、日本列島で魚網を発明したということになるだろう。

したがって、魚網を発明した中国古代の三皇や五帝の筆頭である伏羲は、縄文人だったということになるだろう。

女媧と伏羲は同母兄妹だった

中国古代神話の女神に女媧《じょか》がいる。その女神は日本でも中国でも、次のようにいわれている。〈人首蛇体。伏羲と夫婦、また、兄妹ともされ、人類の創造主とする伝承もある。一説に、三皇の一人。泥をこねて人間をつくり、天が崩れそうになったとき、5色の石を練って天を補修したという〉(『デジタル大辞泉』小学館)と。

さて、本当はどんな話なのか、改めて中国の古典を現代日本語に訳してみよう。

女媧は、何を根拠に伏羲の同母兄妹と呼ばれるようになったのか、その根拠となる史料を引用して現代語に訳す。

『三皇本紀』(8世紀頃)

〈太皞、庖犠氏、風姓、代燧人氏、繼天而王。母曰華胥、履大人跡於雷澤、而生庖犠於成紀。蛇身人首、有聖德。(中略)皆風姓之胤也、女媧氏亦風姓、蛇身人首、有神聖之徳、代宓犠立號曰女希氏〉(司馬貞《しばてい》『史記索隠』巻三十「三皇本紀」)

現代語訳

〈庖犠《ほうぎ》氏であり、風姓である太皞《たいこう》は、燧人《すいじん》氏に代わって天位を継ぎ王となった。母は華胥《かしょ》といい、雷沢《らいたく》で巨人の足跡を踏み、成紀で庖犧を生んだ。体が蛇で頭部が人、聖徳があった。（中略）皆、風姓の女の胤《たね》である。女媧《じょか》氏もまた風姓であり、体が蛇で頭部が人、神聖な徳があり、宓犧《ふくぎ》に代わって即位し、女希氏という〉

庖犧と宓犧は、太皞伏羲《たいこうふくぎ》の異称である。伏羲は風姓であり、女媧も風姓である。風姓は、伏羲の母である華胥《かしょ》の姓であり、母系で継承されたという。

したがって、8世紀頃の『三皇本紀』によれば、伏羲に代わって天位を継いだ風姓の女媧は、伏羲の娘ではなく、伏羲の母の娘であり、彼の女きょうだいということになる。

その後、南宋代の1161年に完成した鄭樵《ていしょう》『通志』－「三皇紀」に、〈華胥生男子為伏羲、女子為女媧、故世言女媧伏羲之妹。風姓、人首蛇身〉（華胥は男子を産み伏羲となり、女子は女禍になった。ゆえに世間では、女媧は伏羲の妹といい、二人は風姓であり頭部は人で体は蛇）と書かれることになる。

これによって、伏羲と女媧が兄妹であることが、明確になった。つまり女媧も、伏羲と同じく縄文人ということになる。

超巨大噴火による大災害を生き延びた縄文人の記録

女媧《じょか》は、〈天が崩れそうになったとき、5色の石を練って天を補修した〉(「女媧」『精選版 日本国語大辞典』小学館)といわれている。その点が中国の古典にはどのように書かれているのか、引用して現代語に訳してみる。

なお、翻訳する際には、縄文早期に起きた鬼界カルデラでの超巨大噴火の調査結果を参照し、また2011年の東日本大震災で被災した筆者自身の体験にも照らした。

『淮南子』(前139)

〈往古之時、四極廢、九州裂、天不兼覆、墜不周載、火爁炎而不滅、水浩洋而不息、猛獸食顓民、鷙鳥攫老弱、於是女媧鍊五色石以補蒼天、斷鼇足以立四極〉(淮南《わいなん》王の劉安《りゅうあん》[前179〜前122]選『淮南子』―「覽冥訓」前漢代)

現代語訳

〈太古の時、四肢は役に立たず、大地は裂け、天はすべてを覆うことができず、地は全面に載せきれず、火は燃え広がり消えることがなく、水は大洪水がやまず、猛獣は良民を食い、獰猛《どうもう》な鳥は老人や虚弱者を捕らえる。そこで女媧は五色に輝くガラスを溶かして東方の日光の分光を補った。大亀の足を断ち、甲羅を笠にして身を守り四方絶遠の地に身を立てる〉

さらに注釈すると、「四極」には、「四肢」「四方の絶遠の地」「天を支える四方の柱」などの意味がある。冒頭の「四極」を「四肢」と訳すことで〈四肢が役に立たず〉というフレーズとなり、四つん這いになっても動くことができないほどの大地震に見舞われた時の状況が浮かび上がる。続くフレーズ〈九州裂（大地は裂け）〉も、大地震の際に起こり得る現象であることから、前のフレーズ〈四肢が役に立たず〉を裏付けることになる。

「蒼天」を東方と訳したのは、『淮南子』─「天文訓」の〈東方日蒼天〉〈東方は蒼天〉を引いた。

また五色石の意味を、少昊金天氏が日光の分光の五色を見たことが記された〈『尸子』曰：日五色、至陽之精〉に引くと、五色石で東方の日光の分光を補わなければならないほど、日光が何かで遮られる日が続いていたことが察せられる。つまり、大地震の時に起こり得る現象と、日光が遮られる現象が同時に起こったことを考えると、火山噴火による噴煙で日光が遮られたと考えることができる。

それと同時に、五色石にはガラスの意味もあるので、熱に溶けるガラスを発見していた可能性もうかがえる。

このように、この『淮南子』の記事が、火山噴火による大災害の記録である可能性が高まったところで、その記事の現代語訳を、さらに、鬼界カルデラで起きた災害や近年の火山噴火で起こり得る災害と、照らし合わせてみる。

○〈天はすべてを覆うことができず〉－火山噴火で放出された火山灰や破片状物質（火山砕屑物《さいせつぶつ》）が、

空から地上に落下する様子。
○〈地は全面に載せきれず〉―土石流の発生。
○〈火は燃え広がり消えることがなく〉―火山砕屑物から引火した森林火災の発生。鬼界カルデラの縄文早期の超巨大噴火では、約41㎞北北東の薩摩半島や約30㎞北東の大隅半島まで高温の火砕流が達している。
○〈水は大洪水が止まず〉―鬼界カルデラ崩壊津波、火砕流流入津波の発生。

さらに、鬼界カルデラの超巨大噴火の火山灰が日本列島の東北にまで及んだ被害の規模を考えると、九州から脱出した縄文人は、東西南北、四方の島を伝って日本列島以外にもたどり着いた可能性が、この『淮南子』の記事から伝わってくる。日本列島の外に出た縄文人は、中国や南米にもたどり着いただろう。

筆者は、この『淮南子』の記事が、大地震の体験や近年の鬼界カルデラの解析データなくして注釈できる内容ではなかったことを確信した。

執筆しながら涙が止まらない。だから言葉にしてみる。「ようやくわかったよ。大変だったね、大事な人が何人も亡くなったことでしょう。よくぞ命をつなげてくれました。本当にありがとう。とにかく、世界中につながって広がっていった命、世界中の命が尊く守られていきますように」

女媧は土器作りを教えて人を育成した

女媧《じょか》は土器作りを教えて人を育成したことが、後漢（25〜220）末の学者・応劭《おうしょう》『風俗通義《ふうぞくつうぎ》』に書かれていたという。

『太平御覧』

《《風俗通》曰：俗說天地開闢、未有人民、女媧摶黃土作人、劇務、力不暇供、乃引繩於絚泥中舉以為人。故富貴者黃土人也、貧賤凡庸者絚人也》（李昉《りぼう》等編『太平御覽』－「皇王部三」－「女媧氏」983年頃）

現代語訳

〈『風俗通義』曰く：世間でいわれていることには、天地が開闢して、人民はなく、女媧は土器の原料の黄土を捏ねて人を育成した。重労働で、時間的余裕もなくなったので、人と見做して育成するために、引縄（木材に線を引く墨壺の糸）は土器の原料の泥にくっつけた。故に、富貴な人は黄土人であり、貧賤《ひんせん》で凡庸な人は縄人である〉

これによると、後漢代の世には、土器作りができるようになって初めて人になったという、人についての定義があったようだ。そして、土器を作る生活の中には、縄、ないしはより糸があったことがうかがえる。

縄文時代の最古の土器は約1万6500〜1万5500年前の無文土器（大平山元遺跡 青森県東津軽郡外ヶ浜町）である。また魚網の証となる石錘（下田代納屋遺跡 青森県下北郡東通村）は約1万〜8500年前のものである。

つまり、魚網よりも土器の方が約6000年ほど早くに出現したことがわかる。ということは、土器作りを教育した女媧は、縄文草創期の縄文人であり、魚網を発明した伏羲は縄文早期の縄文人ということになる。

しかし、そうなってくると、女媧が遭遇した7300年前の鬼界カルデラの超巨大噴火というのは、日本最古の土器の出現から約9000年ほど経過した後の大災害ということになる。

したがって、中国で書かれた古典文献には、鬼界カルデラの超巨大噴火以前の約9000年に渡る歴史が曖昧に凝縮されていることがわかる。つまり、『琴操《きんそう》』や『三皇本紀』に記されているように、女媧氏や伏羲氏（庖犠氏）という氏族としての偉業が伝承されたものと解釈するのが妥当ということになる。

「女媧と伏羲は頭が人で体が蛇」説が生まれたのは紀元後

女媧《じょか》と伏羲《ふくぎ》は、頭が人で体が蛇だったというが、いつからそのような伝説が生まれたのか。

そのことが説明された初出は、『楚辭』に編纂された屈原《くつげん》（前340～前278）「天問」に記された〈女媧有體〉（女媧には体があった）を、後漢（25～220）の王逸《おういつ》が『楚辞章句《そじしょうく》』で〈女媧人頭蛇身〉（女媧は頭が人で体が蛇だった）と注釈しているのが初出のようだ。

さらに、その1世紀ほど後に郭璞《かくはく》（276～324）が注釈した『山海經』―「大荒西經」にも、女媧が〈人面蛇身〉（顔が人で体が蛇）と注釈されている。

8世紀頃に至っては、司馬貞『史記索隠』―「三皇本紀」に、伏羲と女媧が共に〈蛇身人首〉（体が蛇で頭が人）だと記されている。

そうして、南宋代の1161年に完成した鄭樵《ていしょう》『通志』―「三皇紀」にも、女媧と伏羲が共に〈人首蛇身〉（頭部は人で体は蛇）と書かれ、二人は頭が人で体が蛇だったという謂《いわ》れが定着していく。

しかし、頭が人で体が蛇という謂れの発端を振り返ってみると、それは、「天問」〈女媧有體〉（女媧には体があった）である。つまり、女媧は女神だが霊的な存在ではなく、体があると説明することで、実在性を言い表したに過ぎなかったのだ。

第7章のまとめ――中国神話はエジプトにまで行動半径を広げた縄文人の歴史だったか

十日を生み、太陽の運行を司ることで時を司る羲和《ぎわ》。日向岬の非常にまれな地形と、その地形が織りなす奇異な現象は、中国神話で説明されている羲和の国の奇妙に聞こえる表現をことごとく具現化してくれる。

例えば、午の刻に日が差し込む巨大なスリットのような谷が、日向岬を南北に横断していること。新月と満月の日の満潮時には打ち寄せた波がその谷を横断すること。その谷の柱状節理が、巨木の化石のように見えること。

そうしたまれな地形と奇異な現象が、中国神話の羲和の聖地と一致することがわかった。

中国五帝の一人である少昊《しょうこう》の国についての説明も、日向岬のまれな地形や奇異な現象と一致していることが判明した。

また、少昊は、水晶と金を採掘する鉱業を起こしてエジプトにまで足を伸ばし、エジプト文明に影響を与えた可能性があることもわかった。つまり、少昊の中国神話は、日向岬からエジプトまで移動した縄文人の歴史だったと言えるのではないか。

中国三皇や五帝の筆頭に挙がる太昊伏羲《たいこうふくぎ》の母が、東の海の雷神の住む雷沢で巨人の足跡を踏んで懐妊したという中国神話の舞台は、足跡のような海底地形を持ち、火山雷を見ることができた鬼界カルデラではないか。少なくともそう言える条件はそろっている。

このことから、伏羲の両親は、双方とも、九州の鬼界カルデラあたりの縄文人であったことが判明した。

また、伏羲は魚網を発明したという中国神話があるが、青森の縄文早期中葉（約1万〜8500年前）の縄文遺跡から、魚網に取り付けて使用されていたと考えられる石錘が出土している。その石錘は中国で出土したものよりも4000年ほど古いことから、伏羲は縄文人であったと考えられる。

伏羲の妹に女媧《じょか》がおり、三皇の一人とする史料もある。女媧氏もまた、縄文人であったと考えられる。

女媧氏の中国神話には、7300年前の鬼界カルデラの超巨大噴火の描写や、大地震を体験した人にしか察しがつかないような描写があることが判明した。

また女媧氏は土器作りを教えて人を育成したと中国神話に書かれている。日本列島で最古の土器は、青森の縄文草創期（約1万6500〜1万5500年前）の遺跡から出土していることから、女媧氏は日本列島北部の縄文人の指導者であったと思われる。

つまり、中国神話の重要な聖地は、縄文時代の日本列島だったということになるのではないだろうか。

次の章では、なぜ、これほどまでに縄文人にフォーカスした中国神話が、現在、日本語で語られていないのか、その理由を探っていく。

第8章　日本列島は隠された中国神話の聖地だった

縄文人が発見した琴の前身

前章では、中国神話の羲和《ぎわ》の国の位置と、少昊《しょうこう》や伏羲《ふくぎ》や女媧《じょか》が縄文人であった可能性を、中国の古典文献と、日本の考古学や地質学や民俗学的資料、また取材した内容と照らし合わせて検証した。その結果、太陽を生んだ母・羲和の国は日向岬であり、少昊と伏羲と女媧についての神話は、日本列島で生まれた縄文人についての神話であった可能性が非常に高いことが明らかになった。

しかし、現代の日中の歴史学や考古学や民俗学において、そうした中国神話を縄文時代の日本列島の神話として捉える研究は皆無だ。

そこで、この項では前章とは異なり、科学的な検証を行わずに、ラフな推察をしていきたいと思う。それは、読者の皆さんが、ご自身の先祖の偉業、先祖が経験した苦労、それを克服して命をつないできた歴史へ、自由にアクセスできるようにするための実践的な例を示すものと思っていただきたい。

伏羲が発明したとされる琴や八卦は、現在使用されているような完成形で縄文遺跡から出土しているわけではないはずだ。そこで、ラフな推察をしてみよう。

まず、琴の発明について推察してみる。縄文時代の漁師が、生活の中から琴の前身となるものを発見したとしたら、現実味のあるシミュレーションができるかもしれない。

千葉県市川市の雷下《かみなりした》遺跡から、国内最古となる約7500年前の丸木舟が出土している*。そこから想像してみよう。

丸木舟で漁から浜に戻った縄文人が、その丸木舟に濡れた長い釣り糸を巻き付けて、浜に揚げておいたとする。その釣り糸は乾いたら張り詰め、爪弾《つまび》けば音が鳴るだろう。

このシミュレーションは、子供の頃、小箱に輪ゴムを張り、爪弾いて音を鳴らして遊んだ時の童心を思い出したら、喉越しよく腑に落ちるかもしれない。

つまり、縄文人の童心のように無垢な好奇心や遊び心が、丸木舟に張った釣り糸、という弦楽器を発見させ、それがやがて琴という楽器に進化していったのではないか。それは、漁師の生活に欠かせない船が縄文遺跡から出土したことと、中国神話を重ね合わせることで、初めて見えてくる先祖の偉業と言えるのではないだろうか。


*「最古の丸木舟を発見 縄文人の計り知れない航海力 歴史新発見 千葉県市川市の雷下遺跡」日本経済新聞、201

画像８－１　龍馬負圖

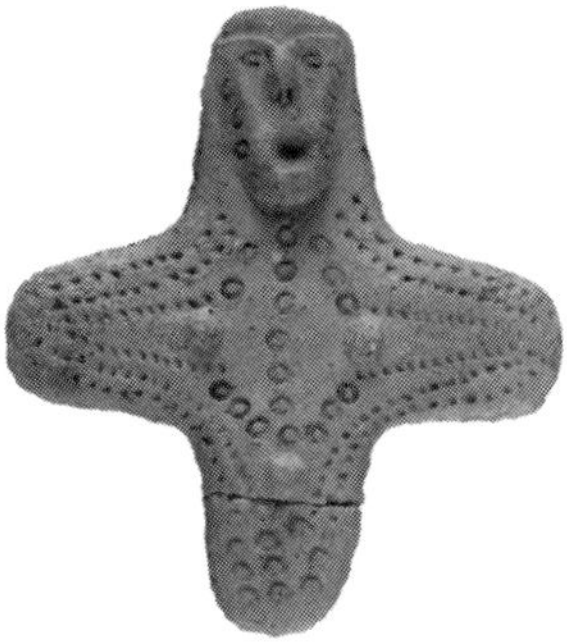

画像８－２　三内丸山遺跡の十字型土偶

5年2月23日付

縄文人が使用した八卦の前身

次に、八卦について推察してみよう。実は八卦には、前身となる「河圖《かと》」がある。周代の『周易』―「繫辭上」に、〈黄河出圖、洛出書、聖人則之、易有四象、所以示也〉（黄河は図を出し、黄河の支流の洛水は書を出した。聖人はこれに則った。易が東西南北の四象を有する所以を示している）とある通りである。

「河圖」については、後に、南宋の林《りん》希逸《きいつ》（１１９３〜１２７１）の詩『龍馬負圖』に詠われ、黄河から現れた龍馬の背に図（画像８－１　龍馬負圖）があって、天地の変化を占うことができ、八卦ができたという伝説になった。

なお、画像８－１の龍馬負圖は、龍馬の背にあったとされる○や●で構成された河圖を、便宜上、脇腹に図説したイラストである。脇腹に横一文字に引かれた破線は龍馬の背骨の位置を示す補助線であり、矢印線もまた補助線であって河圖の一部ではない。

一方、日本列島では、縄文中期中葉（約5000年前）の青森県三内丸山遺跡から、四方に突起が張り出し、両面に点や小さな円が型押しされた平たい土偶（画像8－2　三内丸山遺跡の十字型土偶）が出土している。本書では、この土偶から『周易』－「繫辭上」〈易有四象〉や伝説の『龍馬負圖』を連想したので、その画像を掲載しておく。

ただしこの土偶は、現在、縄文人に数の認識があったことを示す研究史料になってはいるが、東西南北や天地の変化などを表す占いの道具だったのではないかとする研究はない。

しかしどうして、中国神話は縄文神話のことではないのか、という俗説すら、現代の日本や中国にはないのだろうか。そもそも、現在の日本では、伏羲《ふくぎ》も八卦も知らない人がほとんどなのだろう。

中国神話を官学で学んでいた江戸時代

逆に江戸時代、侍《さむらい》の中に、伏羲も八卦も知らない人を探すのは難しかったかもしれない。なぜなら、徳川幕府の官学は朱子学（道学）だったからである。とはいっても、朱子学とは何なのかを今の日本の学校教育では教えないので、朱子学について知らない読者も多いと思う。そこで、象徴的な一例を紹介しよう。

朱子学の江戸時代の教科書に、周代の『周易』を南宋代の朱熹《しゅき》（1130～1200）が注釈した『周易本義』がある。その冒頭に登場するのが易（八卦）の発明者とされる伏羲である。次に、その冒頭の部分を引用して和訳する。

『周易本義』－「第一巻」南宋代

〈周、代名也。易、書名也。其卦本伏羲所畫〉（朱熹『周易本義』「第一巻」）

現代語訳

〈周は時代の名である。易《えき》は書の名である。八卦は伏羲の立案に基づく〉

さらに、ここからは、今の日本の学校教育では絶対に教えない、幕末の武士や学徒たちが熱心に勉強した国学としての伏羲の存在について説明する。伏羲を日本列島生まれの神として捉える国学が流行した、それが、復古神道について学校教育では教えない部分である。

まずは、復古神道の実体を知るためには誰の書いた古典籍を読むべきなのかを明らかにしておく必要があるだろう。そこで、現代の辞典や事典から、復古神道の提唱者の変遷を引用しておく。

◎復古神道の提唱者の変遷

〈古典解釈に基づき、儒教・仏教の影響を排して、純粋に日本古代の神道に復することを主唱した神道説。江戸中期以来、荷田春満・賀茂真淵・本居宣長らが唱え、平田篤胤に至り社会的勢力を占

めた〉（「復古神道」『精選版 日本国語大辞典』小学館）

〈江戸中期以降、平田篤胤がひらいた神道説（中略）賀茂真淵《まぶち》・本居宣長らは古神道を唱えたが、平田篤胤《あつたね》はこれを継承して宗教的に体系づけた〉（「復古神道」『旺文社日本史事典 三訂版』旺文社）

これらの辞典や事典による説明から、復古神道は、平田篤胤（１７７６～１８４３）が開き、社会的勢力を占めた神道説であることがわかる。

つまり、幕末に社会的勢力を占めた復古神道の実体を知るためには、平田篤胤の著書を読むべきということがわかる。

では、伏羲が幕末の国学の中に占める地位を知るために、平田篤胤の著書『太昊古易傳《たいこうこえきでん》』から引用する。

『太昊古易傳』１８３６

〈其後吾國大物主神、戎名太昊宓戲氏、授賜《河圖》《洛書》、作奇妙之八卦〉（平田篤胤著、平田盛胤校訂、三木五百枝校訂『平田篤胤全集６』―「太昊古易傳」法文館書店、１９１２）

現代語訳

〈その後、吾が国の大国主神は、西方の名で太昊《たいこう》伏羲氏（宓戲氏）、『河圖《かと》』と『洛書《らくしょ》』を授かり、奇妙な八卦を作り〉

このように平田篤胤は、天皇の先祖である大国主神（大物主神）が中国に渡って太昊伏羲氏（太昊宓戯氏）になり、『河圖』と『洛書』を授かり八卦を創ったと考えていたことがわかる。

そこで少し、大国主神の説明をしておこう。大国主神は、第2代天皇・綏靖《すいぜい》の曽祖父である。綏靖天皇の母にして神武天皇の皇后が媛蹈鞴五十鈴媛命《ひめたたらいすずひめのみこと》だが、彼女の父親は事代主神《ことしろぬしのかみ》であり、そのまた父親が大国主神である。

これを平田篤胤の説いた復古神道の系図にすると、

大国主神（伏羲）→事代主神→媛蹈鞴五十鈴媛命→第2代天皇の綏靖天皇

ということになる。つまり、天皇の先祖は日本から中国に渡った伏羲であるという歴史認識が、幕末において社会的勢力を占めたのが復古神道なのである。

考古学的視点から見た復古神道の誤り

さらに平田篤胤は、中国三皇は『古事記』や『日本書紀』に登場する神々だったとして、次のように『三五本國考《さんごほんごくこう》』に記している。

『三五本国考』 ※原文の変体仮名は平仮名に変換して引用する

〈謂《イハ》ゆる三皇は、神典の誰《イヅレノ》神に當ると云はむに、天皇氏は伊邪那岐《イザナギノ》神、地皇氏は伊邪那美《イザナミノ》神、人皇氏は建速須佐之男《タケハヤスサノヲノ》神〉（平田篤胤『三五本国考』1835年 国書データベース https://kokusho.nijl.ac.jp/biblio/100127191/24?ln=ja)

現代語訳

〈中国の三皇は、『古事記』や『日本書紀』など神典のいずれの神に当たるのかというならば、天皇氏は伊邪那岐神、地皇氏は伊邪那美神、人皇氏は建速須佐之男神〉

『三五本国考』の言う中国三皇とは、宋代の李昉《りぼう》等編『太平御覧』（983年）が初出の天皇・地皇・人皇のことである。その三皇が本当はイザナギ・イザナミ・スサノオであったと説かれている。さらに、中国三皇に続く五帝の頭が伏羲であり、それが大国主神だという歴史認識なのである。

ここで留意しておきたいのは、平田篤胤が生きた時代には、埋蔵物やその出土した地層の年代を測定する科学技術がなかったということである。

伏羲は漁網の発明者とされているが、現代の考古学において、漁網の存在を裏付ける石錘《せきすい》の出土は、日本で灌漑式水田稲作が始まる5500年以上前の縄文時代早期中葉（約1万前〜8500年前）である。

しかも、日本の正史とされる『日本書紀』において、大国主神は、奇稲田姫《くしなだひめ》とスサノオの子とされている。つまり大国主神の時代は、稲田があった弥生時代ということになるだろう。

このことから、伏羲と大国主神との間には、考古学上、縄文時代と弥生時代という何千年もの時間の隔たりがあることがわかる。このことにより、本書は、伏羲を大国主神と同一視する平田篤胤の復古神道の見立てを否定する。

また、イザナギ・イザナミ・スサノオを中国三皇と同一視する平田篤胤の復古神道の見立てについても、第7章で『日本書紀』の記述内容を現代の考古学資料に照らして検証した通り、イザナギ・イザナミ・スサノオは水田稲作の始まった弥生時代以降の神々であるため、本書はこれを否定する。

日本人の記憶から消された中国神話

幕末に社会的勢力を占めるほどになった復古神道では、中国神話の聖人または神々が日本神話の神々であったという歴史認識をしていた。

しかしそのことがなぜ、今の日本の学校教育で教えられないのか。その理由を知るために、まずは、平田篤胤の復古神道が社会的にどんな影響を与えたのか、その概説を事典で確認しておく。

◎平田篤胤の影響

〈篤胤の学問は養嗣子の銕胤《かねたね》（1799～1880）をはじめ大国隆正《おおくにたかまさ》、矢野玄道《やのはるみち》らに受け継がれ、明治初期には新設の神祇《じんぎ》官の主流となる。そして、死後の安心を中心とする純粋に宗教的な部分は消え、天皇中心の国粋主義的部分が著しく政治化されて国家神道を支える柱となっていった〉（「平田篤胤」『日本大百科全書』小学館）

この概説から、復古神道としての平田篤胤の学問は、明治初期には新設の神祇官の主流となり、天皇中心の国粋主義的部分が著しく政治化されて国家神道を支える柱となっていったことがわかる。つまり、平田篤胤の復古神道が今の日本の学校教育で教えられない理由は、天皇が中国の神々の子孫でもあるという平田篤胤の歴史認識が、戦勝国である中国との戦争の当事者である日本人の思想と深く関係していたことにありそうだ。

幕末に流行した平田篤胤の復古神道は、昭和に至るまでその流行は止まらなかったわけだが、その流行について、アジア政治思想史の研究者である苅部直・東京大学教授は、次のように解説している。

〈宣長と篤胤の国学思想は、明治以来の大日本帝国の体制を正当化するイデオロギーとして用いられ、特に昭和の戦前・戦中期には、政府による思想統制が強まる過程で、「日本精神」を支えるものとして喧伝された〉（苅部直「日本思想史の名著を読む　第14回 平田篤胤『霊の真柱』」『ｗｅｂちくま』２０１7年10月30日）

この解説から、本居宣長と平田篤胤の国学思想は、日本人に中国をも天皇の先祖の神々の地として認識させることができるため、大東亜共栄圏の思想を正当化するイデオロギーとして用いられたであろうことが推し量れる。

ただし、その時代も今も、日本国民は、日本が英国領であることを知らされていない。そのことを知らされないまま日本人は、本居宣長または平田篤胤の歴史認識を信じ、大東亜共栄圏の樹立を目指していたことがわかる。しかしその結果、朝鮮民主主義人民共和国、大韓民国、中華人民共和国は建国したが、日本だけが、建国してはいないのである。

一方、日本の国学思想の流行を中国側から見たら、その捉え方は日本人とは異なるはずだ。なにしろ、その頃の歴史的背景は、漢民族の明朝が満州族に制圧された後の１６１６年から１９１２年まで続く清朝時代である。その文化的背景としては、清朝が、漢民族に対して、呉服によく似た漢服の着用を禁じ、男子に弁髪を強制し、道教の寺院を仏教の僧に管理させる*ようになっていた。

そんな歴史的背景や文化的背景のある時代に、道教の神の名である「天皇」が、中国三皇の子孫として皇軍を率い、朝鮮半島、遼東半島、山東半島東端、黄海で清国を破ったのが、日清戦争（１

894－1895）だったのである。

＊大西蘭、多賀友美、景祥祜「1875年に撤去された宗教施設としての中国式灯台――西嶼塔燈」『或問第40号』2021年12月、pp. 59－80

日清戦争は、清国内の漢民族の目にどのように映ったのだろう。中国三皇の子孫の皇軍に期待を寄せたのだろうか。

日本に魅せられて1895年に日本に亡命し、1912年に初代中華民国臨時大総統となったのが孫文である。また、1902年に清国から国費留学し7年半日本に滞在したのが魯迅である[＊1]。

しかし、英国領日本が打ち建てた大東亜共栄圏という目的のために、東アジアや東南アジアの人々が日本人を含めて大量に殺されると、中華民国は1945年6月、一時的に天皇を第二次世界大戦の戦犯リストの筆頭に挙げることになる[＊2]。一時的というのは、その3ヶ月後に中華民国が、その戦犯リストを連合国の懐柔によって撤回するからである。

＊1 関川夏央「魯迅の仙台時代をえがいた太宰治『惜別』をめぐって」『東方 420号』2016年2月、pp. 24－28

＊2「侵戰以來敵國主要罪犯調査表」『陳誠副總統文物－抗戰期中敵偽情報（二）』1945年6月発行、台湾省国史館所蔵

このように清国の漢民族の反応を振り返ると、幕末の社会的勢力を占めた復古神道が大日本帝国の体制を正当化するイデオロギーに利用されたこと、それ自体が英国領日本を使った英国の兵法に見えてくる。

なぜなら、明治以降のそうした復古神道の利用は、英国君主が鉱業権拡大をゴールに見据えて、英国領日本に清国内の抵抗勢力を鎮圧してもらい、鉱山開発をしてもらう兵法の一つだった可能性が考えられるからだ。

戦後の復古神道の行方と中国の文化的防衛

終戦まで日本人に中国をも天皇の先祖の神々の地として認識させることができた本居宣長や平田篤胤の神道説の歴史認識は、戦後に姿を消すことになる。しかし、その歴史認識が姿を消すことになった端緒は、終戦直後、ＧＨＱ側に伝えられた昭和天皇の意見にあったと考えられる。

次に、それに関係する昭和天皇の意見を、本書第1章で紹介したホイットニー旧蔵文書全和訳から再度引用する。

〈神道はまだまだ危険な側面がある、なぜなら、ほとんどの神道信者は超保守的なのだが、神道信者と、超国家主義を神道と同一視していた復員兵やその他の人々は、団結する傾向があるからだ。

〈中略〉天皇は、神道分子とその同調者が反米であるため、注意が必要と考えている〉（本書第1章ホイットニー旧蔵文書の全和訳より）

また、この天皇の意見が、GHQの政策を決定する極東委員会のメンバーの中華民国にも共有されたであろうことは言うまでもない。今日の中華人民共和国には、日本の超国家主義につながった本居宣長や平田篤胤の著書についての研究はあるものの、現代の科学的資料に照らして羲和《ぎわ》や少昊《しょうこう》の国の位置や伏羲《ふくぎ》や女媧《じょか》の出生地を、国境を越えて探そうとする新たな研究は見当たらない。

むしろ、中国神話の舞台はすべて、現在の中国国内で完結している。羲和の国と少昊の国は山東省日照市。伏羲と女媧の母の華胥《かしょ》は、陝西省西安市藍田県《らんでんけん》の出身。華胥は河南省濮陽市范県《はんけん》または山東省菏沢市《かたくし》の雷沢で巨人の足跡を踏んで妊娠し、甘粛省天水市《てんすいし》の成紀で出産したことになっているのである。

つまり、中華人民共和国は、中国神話の神々や聖人たちのゆかりの地を現在の中国国内の地名で示すことによって、中国人民が中国を天皇の先祖の神々の地と認識してしまう可能性を回避することに成功している。このことから、大日本帝国が戦争に利用した復古神道に対する防衛を、文化的に確立していったことがわかる。

こうして中国の三皇五帝と日本の神典の神々を同一視した復古神道は、中国から否定的見解を打ち出され、日本人の記憶からも戦略的に消し去られていったのである。

蛇が女媧の姿で描かれているバチカンの天井画

西洋において中国神話の女媧は、16世紀初頭から、人類に原罪を負わせた悪の権化ということになっている。その発信源は、カトリック教会の本拠地、バチカン市国にある。ただし、その原罪は主イエス・キリストによって贖《あがな》われたとしているのが、キリスト教である。

どういうことか説明しよう。

画像8－3　人類を原罪に導いた創世記の蛇

ローマ教皇の居所であるバチカン宮殿内にシスティーナ礼拝堂がある。その天井に、教皇ユリウス2世（在位1503～1513）の命を受けたミケランジェロ（1475～1564）が、キリスト教翻訳『旧約聖書』－「創世記」を題材に、1508年から1512年にかけて描いた9点の天井画がある。その天井画の一つに、アダムが原罪を犯す場面がある（画像8－3）。

アダムが原罪を犯す場面とは何かを、カトリック教会翻訳 旧約聖書 創世記から引用するので確認してほしい。

〈蛇は女に言った。「決して死ぬことはない。それを食べると、目が開け、神のように善悪を知るものとなることを神はご存じなのだ。」女が見ると、その木はいかにもおいしそうで、目を引き付け、賢くなるように唆していた。女は実を取って食べ、一緒にいた男にも渡したので、彼も食べた〉（カトリック教会翻訳　旧約聖書　創世記3章4－6節）

カトリック教会の聖書で原罪を犯した行為というのは、〈女は実を取って食べ、一緒にいた男にも渡したので、彼も食べた〉ことである。つまりカトリック教会の原罪とは、蛇にそそのかされた女が善悪の知識の実を取って食べ、人類の始祖アダムが女からその実を渡されて食べてしまったことを指す。

ここで留意したいのは、カトリック教会翻訳　旧約聖書　創世記には、人類に原罪を負わせた蛇が、乳房と両腕のある人頭蛇身の姿だとは書かれていないことである。そのことは、ヘブライ語の『トーラー』―「ベレシート」にも記述がない。

しかも、ヘブライ語の蛇「נָחָשׁ」は男性名詞であり、古代ギリシャ語の蛇「ὄφις」も現代ギリシャ語の蛇「ὄφις」も男性名詞である。

つまり、人類に原罪を負わせた蛇を人頭蛇身の女性として描く根拠は、キリスト教聖書の中にはないのである。

16世紀初頭、ローマ教皇の住む宮殿内の礼拝堂の天井画において、キリスト教聖書にない人頭蛇身の女性を、人類に原罪を負わせた蛇に見立てることに、どんな意味があったのだろうか。その意味は、その天井画が描かれる以前に発せられたローマ教皇の勅令とその結果を照らし合わせることで見えてくる。悪の具体的な形を、天井画を見る人々の脳裏に植え付ける効果があった可能性だ。それは、例えるなら警察犬に容疑者の持ち物の匂いを嗅がせ、追跡させるのと同様の効果である。

その勅令とは、天井画が描かれる半世紀ほど前の1452年6月18日に、ローマ教皇ニコラウス5世がポルトガル王アフォンソ5世に対して下したもので、「すべての異教徒を探し出して征服し、彼らを奴隷にし、彼らの土地と財産を接収する一般的かつ無制限の権限を与える勅令」であった*。

*Frances Gardiner Davenport (1870–1927)『European Treaties Bearing on the History of the United States and Its Dependencies, Volume 2』The Lawbook Exchange, Ltd., 2004

つまり、システィーナ礼拝堂の天井画に人頭蛇身の女性を悪の具体的な形として描くことで、それを見る人々(主に宣教師や君主)に「人頭蛇身の女を崇拝するすべての異教徒を探し出して征服し、彼らを奴隷にしろ」というメッセージを送っているわけである。

その後、天井画も完成した後の1550年までには、ポルトガルの南部に奴隷が集められ、アフリカ人、イスラム教徒のモリスコ人、東インド人、その他に中国人はごくわずかだが29~34人いたという*。人頭蛇身の女媧を崇拝する中国人が奴隷狩りの対象になったことがわかる。

＊Peter C. Mancall『The Atlantic World and Virginia, 1550-1624』University of North Carolina at Chapel Hill Press, 2007

また、1557年にマカオがポルトガル領になると、カトリック教会は、明・清朝の宮廷に喜ばれる知識や技術を持ったイエズス会宣教師を次々に送り込んでいった。その数は総勢472人であったという＊。

＊湯開建「明清之際澳門與中國內地天主教 傳播之關係」『漢學研究 第20巻 第2期』2002年12月、pp. 29－56

中でも、清国内の貴重な地理情報を欧州にもたらすことに成功したイエズス会宣教師には、清朝康《こう》熙《き》帝《てい》の命で清国全土を測量して1718年に『皇輿全覽圖』を完成させたフランス人雷孝思《ジャン・バティスト・レジス》をはじめとする10余名がある。

また、雷孝思は、伏羲由来の『易経』をラテン語に翻訳して欧州に紹介してもいる。

そしてポルトガル領マカオでは、中国人と日本人が奴隷として売られた。そのことを、現在のイエズス会日本管区長であるデ・ルカ・レンゾ神父は次のように説明している。

〈カトリックのポルトガル人が経営していたマカオでも中国人と日本人が拉致され、奴隷として売られていたことは、残忍な人の考えのみならず、限られた人であろうとも、修道士のせいでもあった〉（デ・ルカ・レンゾ「イエズス会本部と長崎～長崎開港450年を振り返って～」『平和文化研

究　第41集』２０２１年３月、pp. 64－73）

それにしてもどうして、自分たちを攻撃してきたわけでもない人間を、家畜のように奴隷にするなどという残忍なことができたのか。罪悪感や良心の呵責という感情はなかったのだろうか。

もしも、自分たちが信仰する宗教の指導者たちから、「この者たちは、教皇様の礼拝堂の天井のアダムを原罪に導いた蛇を信仰している邪悪な者たちだ」と教え諭されたとしたらどうだろう？罪悪感は払拭されるのではないか。

アジアには、教皇の住む宮殿の礼拝堂の天井に描かれた人頭蛇身の女性と同様の姿をした神がいる。ヒンドゥー教の神話に登場する地底に住む人頭蛇身の蛇族ナーガである。

ナーガや女媧の信奉者であった東インド人も中国人も奴隷にされた。そして東インドや中国は、カトリック教会を信奉する国や元カトリック教会のイングランド国教会を奉ずる英国の領土になっていった。

このように奴隷にされ、植民地にされた地域の宗教的背景を照らし合わせてみると、人を残忍に扱うことへの罪悪感を払拭することを可能にした洗脳が見えてくる。つまり、異教徒が人類にとってどれだけ害悪であるのかを、東アジアやインドに向かう宣教師たちにあらかじめ洗脳しておくための教材が、人頭蛇身の女性を蛇に見立てたシスティーナ礼拝堂の天井画（画像8－3、２７１ページ）であったと考えることができるのではないか。

画像8－4　女媧補天像

それから数百年の時が流れた1986年、すでに建国して経済も右肩上がりになってきた中国は、広東省の蛇口漁港（深圳市南山区）に、システィーナ礼拝堂の天井画の蛇とよく似た高さ約18mの全裸の女媧補天像（画像8－4）を建立した。ただし、それまで中国では、女媧を全裸で表現することはなかった。

それまでは上半身に漢服を着せ下半身が蛇の姿で描かれており、両腕や乳房を露出した裸で描かれることはなかったのである。それだけに、この全裸の女媧補天像は、髪型といい、姿といい、システィーナ礼拝堂の天井画を断罪するかのような挑戦的な作品と言えるだろう。

つまり、中国としても、システィーナ礼拝堂の天井画に描かれた人頭蛇身の女性が、中国人を奴隷にし土地と財産を接収するために宣教師たちを洗脳するための教材だと知ったからこそ、システィーナ礼拝堂の天井画を断罪するためにその女媧補天像を建立したのだろう。

第8章のまとめ――中国神話の聖地が縄文時代の日本列島であったことが隠されてきた

日本列島で伏羲《ふくぎ》の偉業を探そうとすれば、彼の発明とされる琴や八卦の発明に至る発想の過程をシミュレーションできる史料が揃っている。

幕末に、伏羲は日本神話の大国主神で、中国三皇はイザナギ、イザナミ、スサノオとする平田篤胤らの復古神道が流行した。

ところが、神道は戦時中に超国家主義に利用されたため、GHQの占領下で昭和天皇から神道を危険視する意見が出された。その結果、復古神道の超国家的な部分、すなわち中国三皇や道祖とされる伏羲などを日本の正史『日本書紀』や『古事記』の神と同一視する部分が、日本人の記憶から消し去られていくことになった。

そして現在の中国では、日本の復古神道の超国家的な部分を払拭するための文化的防衛策として、中国神話の神々や聖人の出生地を中国国内の住所地として謳っていると考えられる。

しかし本書では、前章で科学的な検証をし、伏羲や女媧の出生地が縄文時代の日本列島である可能性が非常に高いことを明らかにした。

ただし本書は、『日本書紀』のイザナギとイザナミを弥生前期の人と分析したことで、イザナギとイザナミ以降の神々を中国三皇や伏羲とする復古神道の見立てを、否定する立場である。むしろ本書の主張は、縄文時代を描写した神話が、中国神話の羲和《ぎわ》の国、少昊《しょうこう》、伏羲、女媧のエピソードではないかという説を唱えている。

また、カトリックの本拠地であるバチカンは、15世紀に「すべての異教徒を探し出して征服し、彼らを奴隷にし、彼らの土地と財産を接収する一般的かつ無制限の権限を与える勅令」をポルトガル王に下し、16世紀初頭から、システィーナ礼拝堂の天井画に、アダムに原罪を犯させた蛇を中国神話の女媧やヒンドゥー教神話のナーガの姿として教示している。その結果、東インド人や中国人、日本人までが奴隷として売られることになった。

こうしたカトリックによる世界規模の宗教差別と人種差別の恐ろしい歴史ゆえに、女媧が縄文人であった可能性は、カトリックのグレゴリオ暦を西暦として採用する世界にあって、研究されることはない。

第9章　縄文人はへその緒の化身として縄を発明した

唐代の伏羲・女媧の像は蛇の交尾か

「糸」という字の最古の書体は甲骨文字である。甲骨文字は、〈亀甲・獣骨などに刻まれた中国最古の体系的文字。占卜の記録を刻したもので、殷代に多く、西周前半にもある。中国河南省の殷墟から多数発見〉（『広辞苑』岩波書店）として、日本でも広く知られている。

なお中国では、この甲骨文字の使用された年代を、約3300年前～2000年前としている。

さて次に、「糸」の甲骨文字を見てみよう。画像9－1のそれぞれの書体の下に筆者が書き込んだ出典は、次の出典の略称である。

乙－《殷虚文字乙編》（上、中二輯）商務印書館、1949年、（下輯）科學出版社、1953年

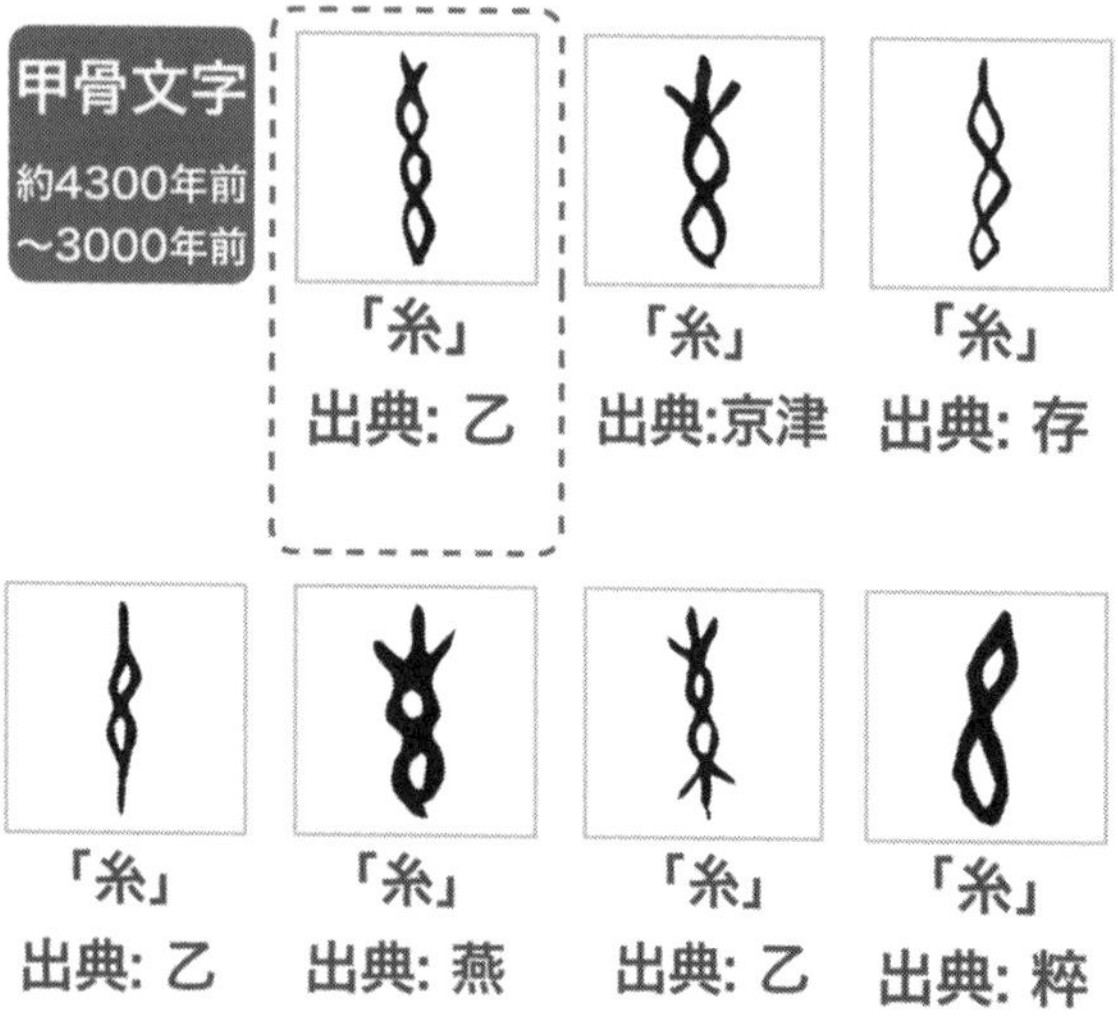

画像9－1　甲骨文字「糸」

京津－胡厚宣《戰後京津新獲甲骨集》（四巻）羣聯出版社、1954年
存－胡厚宣《甲骨續存》（三巻）羣聯出版社、1955年
燕－容庚、瞿潤緡合編《殷契卜辭》（一巻）1933年
粹－郭沫若《殷契粹編》（二巻）日本文求堂、1937年

画像9－1からわかる通り、いずれもより糸の形状を象った象形文字である。上の端が一本の甲骨文字と、二本の甲骨文字と、三本の甲骨文字と、何も出ていない甲骨文字がある。上の端が一本の甲骨文字や何も出ていない甲骨文字は、糸のよりがほどけていない状態の象形のようだ。つまり、「糸」の象形文字のモデルとなったより糸は、少なくとも二種類はあったと言

えそうだ。

一種類は、上の端が二本の象形文字で、下よりした二本の糸でできあがった糸がモデルのようだ。

もう一種類は、上の端が三本の象形文字で、下よりした三本の糸でできあがった糸がモデルのようだ。

唐代の伏羲・女媧の像は「糸」の象形だった

さてそこで、北京の故宮博物院が所蔵する、唐代に描かれた伏羲・女媧の像（画像9－2）の下半身を見てみよう。この絵は、棺やご遺体の上にかけて使用された副葬品の類で、大きさは、向かって左側縦222・5㎝、右側縦231㎝、上側横115㎝、下側横94㎝の大きな絹地に描かれている。この図柄は、蛇の交尾の光景（画像9－3）を表しているというのが定説である。

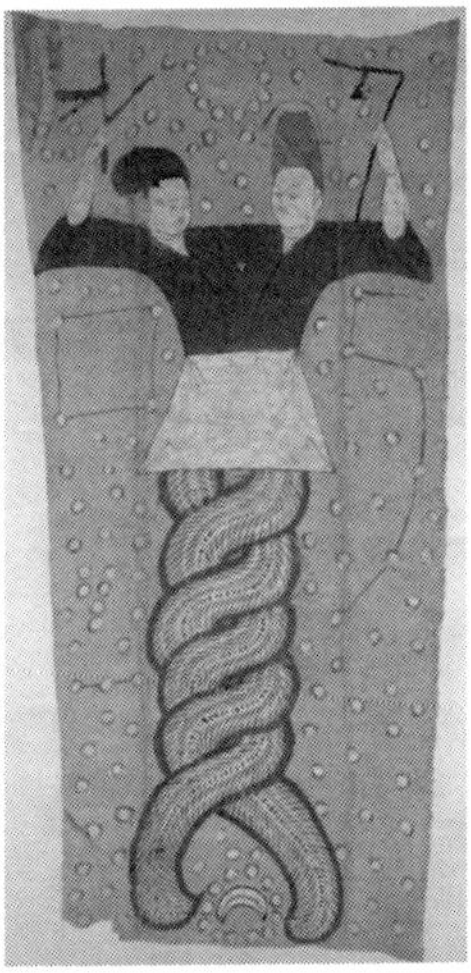

画像9－2　伏羲と女媧の像（故宮博物院网站「伏羲女娲像页」より）https://www.dpm.org.cn/collection/paint/230797

しかしよく見ると、伏羲・女媧の像（画像9－2）の下半身には、毛のような繊維がびっしりと描かれている。人頭蛇身の伝承がある伏羲と女媧だが、その螺旋《らせん》状に絡

画像9－3　蛇の交尾の光景

み合った下半身に蛇のようなウロコは描かれていない。

どうだろう、画像9－1の破線で囲んだ「糸」の甲骨文字に似ていないだろうか。伏羲と女媧の螺旋状に絡み合った下半身は、下よりした二本の糸でできあがった糸のようではないか。

また、伏羲と女媧の上半身は、その甲骨文字の上の端に、Vの字型に飛び出している二本の下よりした糸のようではないか。この伏羲・女媧の像は、まるで「糸」の精霊のように見えないだろうか。

もしかすると、シルクロードを通して絹織物が西側諸国に飛ぶように売れた唐代、その伏羲・女媧の像には、より糸を発明してくれた先祖への感謝の気持ちを表すために、より糸をシンボル化したような伏羲と女媧の像が描かれたのかもしれない。

また、伏羲と女媧は規矩《きく》（コンパスと曲尺）を持っている。この規矩という言葉には人の考えや行動の規範という意味もあるため、秩序正しい世界を象徴しているようにも見える。

一方で、中国最古の医書『黄帝内経』－「邪客」に〈天円地方〉（天は円形、地は方形）とある。唐代の人々が天は円形で地は四角形と認識していたことを前提にしてこの図を見ると、まるで伏羲と女媧がコンパスと曲尺を使って天と地を作図しているようにも見える。

円形に、地を曲尺で四角形に創造したようにも見えるのだ。

いずれにしても、先祖へ感謝すると共に、安住の宇宙に抱かれるようにして埋葬したことが伝わってくる図である。

後漢代の伏羲・女媧の図は人の胚のような蛇身だった

唐代から500年以上さかのぼった後漢代の伏羲と女媧の図を鑑賞する前に、人の胚について紹介しておこう。

出産する場所が生活の場から隔離されていなかった時代には、生活の場が産院であり、みなが助産師であり、みなが捕食動物から産婦と生まれた子を守る番人であったはずだ。人は、母や娘や姉や妹や隣人の出産を手伝い、流産すれば、流れた胎児や胎児になる前の胚（妊娠8週まで）を見ることになる。

例えば、約4週目の人の胚にはまだ完全な手も足もなく、尾があり、背骨のようなぼこぼこした盛り上がりが縦に2本あり、顔の下あたりに複数の出っ張りがある（画像9－4）。腹部にもボコボコとした盛り上がりが複数あり、腹からヘソの緒が出ている。

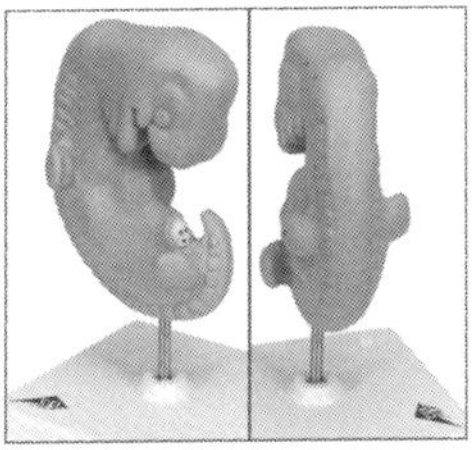

画像9－4　約4週の人の胚
「3B Scientific L15 Embryo 25x life size - 3B Smart Anatomy」〈It shows the anatomy of an embryo at approximately 4 weeks old〉amazon.com

画像9－5　伏羲と女媧の図

6週（5～7㎜）までに流産すると、蛇身とも言えるような形の人を見ることになるのである。

実は、2世紀の中国のお墓の石室に、蛇身の人の胚をモチーフにしたような図がある。後漢代の人が、石を彫って描いた蛇身の伏羲・女媧の図である。

この画像9－5は、山東省済寧市に建てられた武氏を祀る武氏祠《ぶしし》（武氏を祀る墓地建物群）の祠堂《しどう》の内側に刻まれた絵の一コマである。

この後漢代の伏羲・女媧の図は、唐代の伏羲・女媧の像（画像9－2）とはだいぶ違う。下よりした二本の糸の図のようでもなく、生殖器のあたりを接触させた交尾の図でもない。胎児になる前の胚の図に近いように見える。

つまり、人の胚のような伏羲・女媧の図（画像9－5）を、氏族の墓地の建物に描くことで、先祖が再びこの世に蘇って生まれてくることを願っているようにも見える。

前漢代、「縄」には孕むという意味があった

前漢代には「縄」の字が、「孕」の意味の字として使われていた写本がある。紀元前2世紀の、湖南省長沙市に位置する馬王堆漢墓《ばおうたいかんぼ》から出土した『周易』と『老子』（道徳経）の写本である。

この二つの書は、前漢の長沙国の丞相《じょうしょう》であった利蒼《りそう》（前186年没）と、その妻子の墓から出土した群書の一部である。

では次に、「孕」の意味として使われた「繩」の字が、どんなフレーズに使われていたのか、引用して和訳してみよう。

『周易』「易経」「䷴ 漸」

〈婦繩不育〉（「孕」『漢語多功能字庫』香港中文大学 人文電算研究中心ウェブページからの孫引き）

現代語訳

〈妻は孕んでも育たない〉

『老子』「乙本巻前古佚書」

〈地繩者、以繼之也〉（「孕」『漢語多功能字庫』香港中文大学 人文電算研究中心ウェブページからの孫引き）

現代語訳

〈大地が孕んで産むために、これを続けるのである〉

これら二つの書では、「繩」が動詞の「孕む」または「孕んで産む」意味で使われていることがわかる。

　実は、縄はとても古くから使われてきた道具であるのに、「縄」という字は、甲骨文字にも金文にも見当たらない。100年に成立した最古の漢字字書『説文解字』（後漢の許慎《きょしん》著）に綴られた小篆書体の「縄」は、画像9－6の通りである。

　この画像9－6から、左側が糸偏であることがわかる。また、旁《つくり》の「黽」は、カエルの象形だというのが定説のようだ。だが、糸偏とカエルの組み合わせでは、孕むという意味でも、ロープという意味でも、「縄」の成り立ちが見えてこない。

　画像9－6の旁には、尾があるという特徴があるだけでなく、背中心に縦二本の線があり、頭部と腹部のあたりには分割された出っ張りがある。

画像9－6　「縄」小篆『説文解字』

「縄」の小篆書体（画像9－6）の旁は、画像9－4の人の胚に似ていないだろうか。もしそうなら、偏《へん》は、へその緒ということになりそうだ。
　実際、人のへその緒（臍帯《さいたい》）（画像9－7）は、糸と似た構造で藁縄のような形をしている。医学的な説明としては、〈臍帯の中では、2本の臍帯動脈が1本の臍帯静脈のまわりをらせん状に取り巻いている〉（「臍帯動脈」『デジタル大辞泉』小学館）という。
　そして臍帯の計3本の血管は、ワルトン膠質《こうしつ》*1という弾力のある組織で守られ、さらにその表面は白い羊膜鞘*2でチューブ状に

画像9－7　へその緒（臍帯）

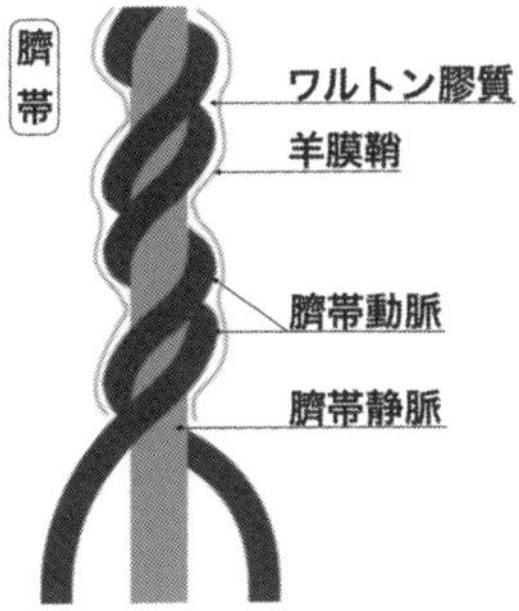

画像9－8　へその緒（臍帯）の構造

被われている（画像9－8）。

なお、へその緒のらせん構造には、反時計回りと時計回りがある＊3。

＊1「25．胎盤・臍帯の超音波像」公益財団法人日本産婦人科医会ウェブページ

＊2 鈴村正勝、市橋進、佐治正敬「臍帯血管異常の1例ならびに臍帯血管に関する研究」『臨床婦人科産科 18巻10号』1964年10月、pp.769－772

＊3 Daniele Trevisanuto, Nicoletta Doglioni, Vincenzo Zanardo, Silvia Chiarelli「Overcoiling of the Umbilical Cord」『The Journal of Pediatrics Vol.150, No.1』January 2007, P112

つまり、へその緒を切断すると、チューブ状の羊膜鞘の中に、3本の血管が見えることになる。まさに糸偏の「幺」の下が3本の線の「小」である。そうなると「縄」の成り立ちは、孕むという意味において、へその緒偏と蛇身の人の胚という組み合わせで整合性がとれる。

へその緒は、縄文時代の産婦の生死を分ける命綱だった

そうなると、縄文人が、へその緒の形状に倣って、糸や紐やロープを発明した可能性を検証してみないわけにはいかないだろう。

紀元前2世紀の「縄」には孕むという意味があった。さらにそれから300年近く経った100年の「縄」の小篆書体（画像9－6）の旁《つくり》は、人の胚の象形のようであり、糸偏は1本の臍帯静脈にらせん状に巻きついた2本の臍帯動脈の象形（画像9－8）のようだからである。

へその緒とは、現代人の視点からすれば、〈母体から養分や酸素を胎児に送り、胎児から母体に老廃物や二酸化炭素を送り出す〉（「臍帯」『デジタル大辞泉』小学館）、胎児にとっての大切な命綱である。

では、現代のような医学的知識のない縄文人の認識では、へその緒は、どんな位置付けだったのだろう。

それを探るために、まずは、そういう時代の縄文人の出産の事情について見てみよう。

〈縄文時代の死亡年齢のピークは30代以降であるが、女性は10代後半から20代まで下がることから、出産時に亡くなる女性の割合が高かった可能性が指摘されている（森山 2002）。古墳時代末の

事例でも男性が35歳、女性が25歳と10歳近くも死亡年齢のピーク差があることから（千葉県市宿横穴墓群、小高 2003）、同様の傾向があったことがわかる。出産、そして集団の将来を支える子どもの成長は、先史時代の人々にとって困難かつ重要な問題だったのである〉（忽那敬三「先史時代の〝子ども〟」『チャイルド・サイエンスVOL．5』2009年3月、pp. 18－21）

このことから、出産は今でも命を落とす危険のある大きなイベントだが、縄文人女性にとっては最大の死因だったことがわかる。

次に、縄文人が目で見て観察できる範囲で出産の種類を①から③に分けてみる。

①女陰から赤ちゃんの頭が見えた後、続いて赤ちゃんの全身が女陰から出る。この時点で、赤ちゃんのへその緒はまだ女陰につながっている。

それから間もなく、へその緒の根っこ（胎盤）（画像9－9）が出てくる時、女陰から出血が始まる。この出血が、すみやかに治《おさ》まっていけば（900㎖以下*）、産婦は無事だ。

しかしこの出血の治まりが遅ければ、産婦の命は危険に晒される。

*天野完「分娩時出血例の管理」『日産婦誌59巻9号』2007年9月、pp. 389－392

②最初に大量の出血が始まり、へその緒の根っこ（胎盤）が女陰から出てくる場合、縄文時代なら

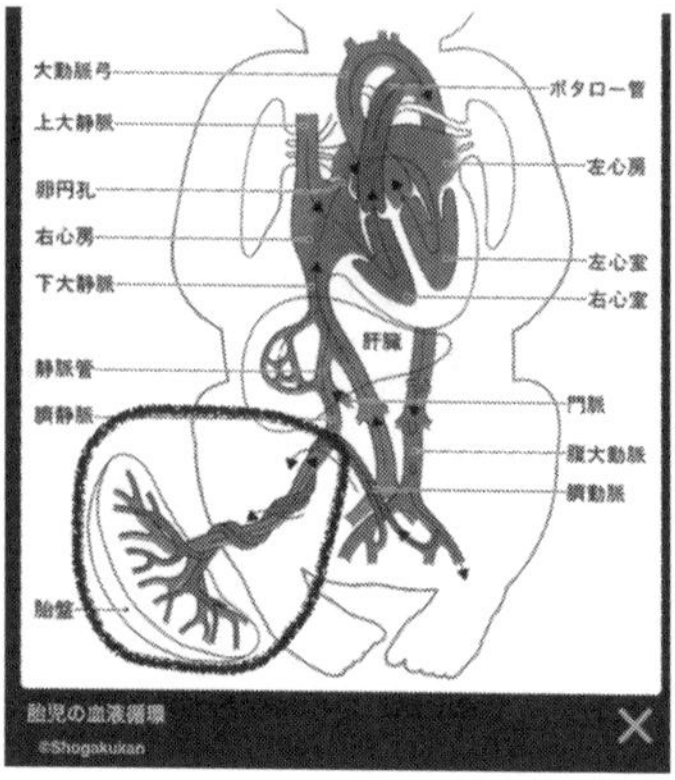

画像9－9　囲みの中はへその緒と胎盤の血管（新井正夫「胎児の血液循環」『日本大百科全書』小学館、コトバンクを引用。鉛筆の囲みは筆者による）

母子共に死んでしまう。（公益財団法人日本産科婦人科学会ウェブページ「前置胎盤」を参考にした）

③最初にへその緒が見えた場合、死産になることがある。（公益財団法人日本産科婦人科学会ウェブページ「34. 臍帯下垂・脱出」を参考にした）

①から③のように、どういう場合に産婦や赤ちゃんが死ぬことになるのか、出産年齢が死亡年齢であった時代だからこそ、その兆候を、謂れや迷信として共有していたはずである。

たとえ縄文人の生活集団に、頻度の少ない②や③の経験がなく、①しか知らなかったとしても、①の知識は、現代の一般生活者（医療従事者以外）にとって縁遠い知識だろう。

縄文人女性は、子供の頃から生活集団の中で、何度も出産の現場を見たり、その状況について聞いたりしてきたに違いない。

そして自身の出産の時は、赤ちゃんが出た後、女陰から垂れ下がるへその緒を見つめながら、生きるか死ぬかを決するくじ引きを引くような思いで、出血と共にへその緒の根っこ（胎盤）がずるっと出てくる瞬間を待ったことだろう。

実はこのシミュレーションから、縄文人にとってへその緒（臍帯）がどんな位置付けだったのかが見えてくる。へその緒は根っこ（胎盤）が抜ける時に出血を連れてくるのである。

つまりへその緒は、縄文時代の産婦にとって、生死を分ける命綱だったと考えられるのである。

縄文人はへその緒の化身として「縄」を生み出した

さて、縄文時代の女性は、自身の妊娠に気づいた時、現代の女性のように、妊娠を喜ぶことができただろうか。いいえ、大変な不安と恐怖に苛《さいな》まれたはずだ。そして、「死なない！」という確固たる保証を求めずにはいられなかったことだろう。

縄文時代からは何千年も経った時代のことではあるが、日本には、中国語にない「力綱《ちからづな》」と呼ばれる特別な縄を分娩時に握る風習が遺《のこ》っていた。

「力綱」とは、〈力を出すために握る綱。特に、分娩時に産婦がいきむために握る綱。すがって頼りにするもの〉（『デジタル大辞泉』小学館）である。その「力綱」は、安産を約束してくれると信じられていた産屋《うぶや》の梁《はり》や天井から吊り下がっており、それにすがって産婦は出産してきた歴史がある。

実際には、産屋で産婦が亡くなることもあり、次に産屋を使う産婦から、逆に恐れられることもあったようだ。そして、そうした産屋の風習は、昭和30年代には消失していったという*。

＊板橋春夫「産屋習俗の終焉過程に関する民俗学的研究」『国立歴史民俗博物館研究報告 巻205』2017年3月31日、pp. 81－155

その風習が途絶えてから約1万5000年をさかのぼった縄文草創期も、「死なない」という確固たる保証をしてくれるものを求める女性の気持ちは変わらなかったはずだ。へその緒が産婦の生死を分ける命綱に見えていたであろう時代。その命綱に確固たる保証を求める心が、へその緒の化身を作らせたのではないだろうか。

つまり、「死なない」という確固たる保証を求める縄文人女性の心が、へその緒のような形をした縄を、へその緒の化身として発明させたのではないか。

そして、命綱であるへその緒の化身を作ってそれにすがれば、ポジティブに出産に挑むことができたのではないだろうか。

と、ここまでの縄文人女性の心情については、「縄」が前2世紀の中国で「孕む」という意味で使われたという検証可能な史料と、「糸」の字が3本の血管から成るへその緒の構造とそっくりであるという検証可能な事実を基に、想像をふくらませてシミュレーションしたものである。

ただ、縄に似た形状のものは、へその緒（画像9－8）の他に蛇の交尾（画像9－3）や木に螺旋状に巻きついていく木本性《もくほんせい》の蔓植物がある。しかし、雌雄2体の蛇では、「糸」の「幺」の象形にはなっても、その下の3本の線から成る「小」になる根拠にはならない。また木本性蔓植物も絡み合う蔓の本数は様々である。そこで、本書では、縄の発明の由来をへその緒と考えた。

また、この推察を、遠い昔の先祖の母たちが正しいと言ってくれるなれば、人類の女性の出産があった生活集団には、地球上のどこであっても、縄を発明させる素養と動機があったことを書き添えておく。

そして日本には、へその緒の化身の縄が何千年もの時を経て「力綱」として遺った、そう考えずにはいられないのだ。

縄文人の偉大なる発明、「縄」

最初の命綱の化身は、1束の繊維によりをかけただけの片よりだったかもしれない。しかし、これでは、へその緒のようにらせん状のボコボコした凹凸はできない。

そこで次なる発展形として、繊維を少し2束に分けて持ち、その2束を指の腹で同じ方向に下よりをかけて2本の片よりの糸を作る。次に、その2本を接触させてやると、互いにらせん状に絡み合いながら反対方向に上よりがかかっていく。それが、らせん上にボコボコした凹凸を持つ「諸《もろ》より」(片より糸を2本以上引きそろえて、そのよりと反対の方向により合わせること)である。

さらにこの諸よりの方法で、3束に下よりをかけた3本の糸をすべて絡ませて、反対方向に上よりがかかっていけば、へその緒と同様に3本から成る構造にはなる。

こうしたより糸は、強靭なだけでなく、いくらでも長く作ることができる。そうして作ったより糸は、釣り糸をはじめ、漁業用、狩猟用、建築用、被服用、弦楽器用、他様々な分野に実用的な用途がある。

想像してみよう。漁網があれば、陸上に食べ物が見当たらなくなった時でも、飢餓で死ぬような事態を免れることができたはずだ。また、ロープと木材があれば、熊や狼などの肉食獣から身を守り安眠を与えてくれる家を作れただろう。

このように、より糸の発明を利用した道具のさらなる発明は、ご先祖様を飢えから救い、猛獣から命を守る空間を提供したことだろう。また皮膚を保護し、体温を維持してくれる他、様々な便利や楽しみを与えてくれたはずだ。

そしてその発明の恩恵は、今日にまで及んでいる。私たちは毎日より糸を使った衣服を身にまとっている。しかも、より糸の用途はそれだけではない。

より糸がなかったら、現在の生活も産業も立ちゆかないのである。より糸を発明し発展させた人類の叡智を文明と呼ばずになんと呼ぶべきか。

第9章のまとめ――縄文を紐解くことは不都合な研究だと考える勢力がいる

日本列島の住人は、今日まで約3000年に渡って度々蹂躙《じゅうりん》され、天武朝から約1350年に渡って騙されてきた。その騙されてきた最大の理由は、縄文時代の偉業にあったようだ。

今日も日本の正史として尊ばれている『日本書紀』。この神話を現実世界に置き換えてみると、豊国主尊が周公旦に征伐され、その後、神世七代の四代目からの神名やエピソードから、縄文人社会が渡来系弥生人社会に圧迫されていく様子をうかがい知ることができる。渡来人が縄文人の暮らす九州に侵攻して、灌漑式水田稲作が開始し、弥生時代が始まったことがわかる。

唐代に百済の異称として「日本」の2字が現れるが、「日本」の意味はユダヤ教「モーセ五書」の漢訳であった。そして唐代の則天武后が倭国を日本国に改称する。

その後、日本ではユダヤ教徒が朝廷の官吏に採用され、ユダヤ教の穢れの概念が律令の中に入ってくる。平成の皇居でも、ユダヤ教特有の月経を穢れとしたしきたりが受け継がれていた。

孝明天皇の血筋ではない明治天皇や昭和天皇はイスラエルの神の異称でLiving Godと称され、また日本は1884年の英国官報に英国領として明記され、1930年に昭和天皇が英国の正規軍の陸軍元帥に昇格した。しかし、そのことは日本人に隠されたまま、第二次世界大戦で大量のアジア人が命を落とし、その一方で英国君主が鉱業権を拡大し、天皇が原爆特許を所有した。

この兵法を本書では「負けるが勝ち」と名づけた。「負けるが勝ち」は戦争では負けを演じながら一部の者が目的を達成するステルスな兵法であり、その先例は、幕末に長州藩主の密偵が英国外務省に伝えた兵法にさかのぼることができる。

しかしなぜ、日本人は約1350年もの長きに渡って騙され蹂躙されてきたのか。その根本的な理由は、次のことを日本人に隠すためであったと考えられる。

○中国神話に語り継がれた、旧約聖書の創世紀元よりもはるかに古い聖人の羲和と女媧と伏羲と少昊は日本の先住民（縄文人）であり、少昊は古代エジプトに影響したこと
○人の胚は勾玉のような蛇身であり、その象形が「縄」の旁であり、またその偏がへその緒であったこと
○「縄」の字が、ユダヤ教典に謳われた、食べると永遠に生きることになる「命の木」（生命の樹）の象形文字であったこと

「縄」の字が「命の木」の象形文字である根拠を説明しておこう。

まず、ユダヤ教典『ベレシート』には、〈そしてヤハウエ、エロヒームは言った。「見よ、アダムは吉凶を知る我々の一人のようになった。そして今、彼は手を伸ばして命の木から取って食べ、永遠に生きるのではないか。」それでヤハウエ、エロヒームは、彼をエデンの園の外に行かせた。彼が取られた土地を耕すために。彼（神）はアダムを追放し、そして彼（神）は命の木の道を守るために、ケルビムと、回転している炎の剣をエデンの園の東に配置した〉（3章22〜24）とある。

命の木の道（דרך）の道は、『ベレシート』（31章35節）に月経の隠語として使われている女の道（דרך）の道と同じスペルである。つまり命の木の道とは、血の通る道、膣のことであり、命の木は膣の先にあることになる。

また、日本人は昭和の頃まで、女の胎が畑、男の精子が種だと考えていた。中国の古典文献に種を精子の意味で使った例は見当たらないが、ヘブライ語のユダヤ教典では種を精子や子孫の意味でも使っている。確かにへその緒は、木本性蔓植物のようにも見え、へその緒の血管は子宮に根を張るように胎盤を形成し、へその緒の反対側の先には人の胚または胎児が生《な》っている格好だ。赤ん坊のなる木、その畑が女の胎だとすると、命の木は妊婦の子宮の中にある。

つまりユダヤ教『ベレシート』では、血の道（膣）の先にある赤ん坊の生る木から取って食べると永遠に生きると神が言っていることになるのである。現代にあっても、それを信じている人々がいるとしたら、とても恐ろしいことである。

その恐ろしいことと、旧約聖書の創世紀元よりも古い人類の聖地を隠すために、日本人は騙され縄文文化ごと蹂躙されてきたのではないかというのが、本書の結論である。

エピローグ

本書は、日本人や日系人が、英国領日本で、あるいは外国で未来を生きていくためのバイブルとして書き遺したものである。どういうことかというと、縄文人までさかのぼる日本人の先祖の一系をたどるという意味で本書はバイブルとなるのである。

そのため本書では、日本列島の住人が蹂躙され騙されてきた歴史を世界の民族・集団、宗教、国家との関係性からさかのぼって明らかにし、また日本列島からエジプトにまで及んだ崇高な文明を解説し、日本列島をめぐる「人の歴史」を書き記した。

将来、本書の導き出した日本列島やその住人に関する歴史情報が、英国および英国領日本に騙されてきた日本人にとって英日両政府に対する有効な交渉カードとして、ひいては日本が英国から独立した後の外交カードとして、平和利用されることを期待する。

また、縄文人の土器やより糸や漁網の発明という偉業を日本人の偉業であるかのように讃えることで、中国神話に語り継がれた人類の聖地日本列島をエルサレムのような紛争の原因にしないようにしてもらいたい。弥生人という渡来人と混血してきた日本列島の住人として、朝鮮人や中国人との混血という自覚を持ち、寛大な心と知恵を持って、近隣諸国との共存共栄の平和な道を見出していけることを期待する。

水原紫織　みずはら しおり

X（旧ツイッター）アカウント：本物黒酒（水原紫織）

日本生まれの藝術家
○絵画（雅号：性、水原紫織）
1987年、電通アドギャラリーにて個展、コニカ株式会社（現・コニカミノルタ株式会社）CI変更イベントのポスターデザイン
1988～1989年、朝日新聞家庭欄にてイラスト連載
1989年、伊勢丹新宿店ファインアートサロンにて個展
1990～1999年、東京スポーツ（中京スポーツ・大阪スポーツ・九州スポーツを含む）にて春画連載
○音楽（雅号：性）
2007年、組曲『日本の四季』を山本邦山等と共作し、東京藝術大学120周年記念コンサート「ジャズin藝大 邦楽転生」他で演奏される
○著書
『もう一人の「明治天皇」箕作奎吾』（2020年、ヒカルランド）、『特攻兵器「原爆」』（2021年、ヒカルランド）

ユダヤ教と縄文の聖人　隠されてきたタブー史

第一刷　2024年7月31日

著者　水原紫織

発行人　石井健資
発行所　株式会社ヒカルランド
〒162-0821 東京都新宿区津久戸町3-11 TH1ビル6F
電話 03-6265-0852　ファックス 03-6265-0853
http://www.hikaruland.co.jp　info@hikaruland.co.jp
振替　00180-8-496587

本文・カバー・製本　中央精版印刷株式会社
DTP　株式会社キャップス
編集担当　高橋聖貴

ISBN978-4-86742-393-6

ヒカルランド　好評既刊!

地上の星☆ヒカルランド　銀河より届く愛と叡智の宅配便

ユダヤ人は日本に同化した
著者：田中英道
四六ソフト　本体2,500円+税

【集大成完全版】日本人とユダヤ人
著者：永見憲吾
監修：久保有政
A5ソフト　本体2,000円+税

ユダヤ人はなぜ人種の多様性を
求めるのか？
著者：クリス・ノース
四六ハード　本体1,600円+税

[ユダヤ×日本]歴史の共同創造
著者：ヨセフ・アイデルバーグ
訳者：久保有政
四六ソフト　本体2,000円+税

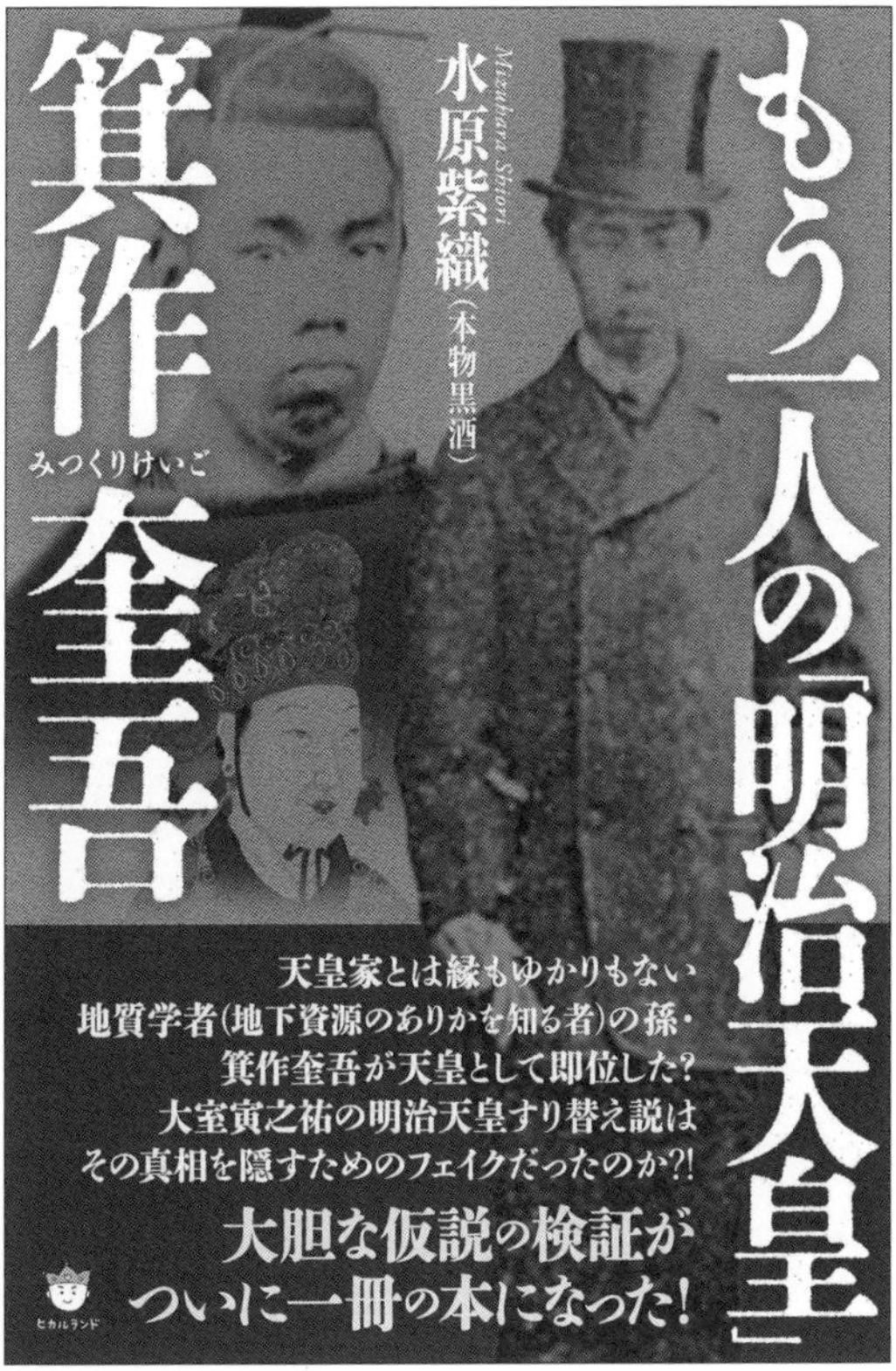

もう一人の「明治天皇」
箕作奎吾（みつくりけいご）
著者：水原紫織（本物黒酒）
四六ハード　本体2,200円+税